JINGLES ELEITORAIS E MARKETING POLÍTICO

Dados Internacionais de Catalogação na Publicação (CIP)
(Câmara Brasileira do Livro, SP, Brasil)

Manhanelli, Carlos
　　Jingles eleitorais e marketing político : uma dupla do barulho / Carlos Manhanelli. – São Paulo : Summus, 2011.

　　Bibliografia.
　　ISBN 978-85-323-0784-2

　　1. Brasil - Política e governo 2. Campanhas eleitorais - Brasil 3. Comunicação na política - Brasil 4. Eleições - Brasil 5. Eleições - Brasil - Marketing 6. Planejamento estratégico - Brasil I. Título.

11-06054   CDD-324.70981

Índices para catálogo sistemático:

1. Brasil : Campanhas eleitorais : Ciência política 324.70981
2. Brasil : Marketing eleitoral : Ciência política 324.70981

Compre em lugar de fotocopiar.
Cada real que você dá por um livro recompensa seus autores
e os convida a produzir mais sobre o tema;
incentiva seus editores a encomendar, traduzir e publicar
outras obras sobre o assunto;
e paga aos livreiros por estocar e levar até você livros
para a sua informação e o seu entretenimento.
Cada real que você dá pela fotocópia não autorizada de um livro
financia o crime
e ajuda a matar a produção intelectual de seu país.

CARLOS MANHANELLI

JINGLES ELEITORAIS E MARKETING POLÍTICO

UMA DUPLA DO BARULHO

summus
editorial

JINGLES ELEITORAIS E MARKETING POLÍTICO
Uma dupla do barulho
Copyright © 2011 by Carlos Manhanelli

Editora executiva: **Soraia Bini Cury**
Editora assistente: **Salete Del Guerra**
Projeto gráfico e diagramação: **Crayon Editorial**
Capa: **Alberto Mateus**
Impressão: **Sumago Gráfica Editorial Ltda.**

Summus Editorial
Departamento editorial
Rua Itapicuru, 613 – 7º andar
05006-000 – São Paulo – SP
Fone: (11) 3872-3322
Fax: (11) 3872-7476
http://www.editoraagora.com.br
e-mail: agora@editoraagora.com.br

Atendimento ao consumidor
Summus Editorial
Fone: (11) 3865-9890

Vendas por atacado
Fone: (11) 3873-8638
Fax: (11) 3873-7085
e-mail: vendas@summus.com.br

Impresso no Brasil

Dedico este livro ao professor Cid Pacheco, incansável consultor político eleitoral que dedicou cada minuto de sua vida à tarefa de fazer do marketing político eleitoral uma ciência.

Agradecimentos

Agradeço, primeiramente, ao professor doutor Adolpho Queiroz, por sua incansável disposição em ensinar e corrigir a dissertação de mestrado que originou este livro.

Aos meus familiares, por entenderem o que é fazer um trabalho como este, aguentando ouvir jingles eleitorais tocados constantemente.

À minha esposa, que há mais de 35 anos aguenta este apaixonado, por ela e por marketing político eleitoral.

A todos os amigos do mestrado e principalmente ao pessoal do Núcleo de Estudos Eleitorais da Universidade Metodista de São Paulo (Umesp).

Aos professores do Programa de Pós-graduação em Comunicação Social da Umesp e em especial ao trio de ouro (não incluindo meu orientador, que é *hors-concours*): Daniel Galindo, Wilson Bueno e Cicilia Peruzzo.

Ao professor doutor Sebastião Squirra, que, em nossos encontros, sempre apresentou uma pergunta sobre o curso e uma palavra de incentivo.

Ao professor doutor José Marques de Mello e à professora doutora Maria Cristina Gobbi, da Cátedra Unesco, que, além de todo o carinho e interesse, ainda se dispuseram a fazer um livro comigo.

A Márcia Pitton, funcionária exemplar da Umesp, que com paciência de Jó atende a todos, sempre com um sorriso no rosto.

Ao mestre de sempre Gaudêncio Torquato, que em uma deferência especial fez parte da banca de avaliação da minha dissertação.

Aos funcionários de centros culturais, museus, discotecas e bibliotecas que me atenderam com eficiência e rapidez.

Ao amigo Marcelo Serpa, que me ajudou na realização das entrevistas no Rio de Janeiro.

A quantidade de pessoas e instituições que contribuíram para o trabalho que deu origem a este livro me impede de citar todas aqui. Mas a todos que colaboraram, de maneira direta ou indireta, deixo meu muito obrigado.

Sumário

Prefácio 11
Introdução 15

1 O que é marketing 19
Marketing político × marketing eleitoral 22
Pesquisas: um capítulo à parte 32
Comunicação 36

2 O jingle no Brasil 43

3 Os jingles eleitorais no Brasil 67
Como foi a eleição para presidente em 1930? 90
Os principais candidatos 90
Como foi a eleição para presidente em 1945? 98
Os principais candidatos 101
Como foi a eleição para presidente em 1950? 106
Os principais candidatos 107
Como foi a eleição para presidente em 1955? 112
Os principais candidatos 113
Como foi a eleição para presidente em 1960? 117
Os principais candidatos 118
Como foi a eleição para presidente em 1989? 125
Os principais candidatos 125

Como foi a eleição para presidente em 1994?   132
   Os principais candidatos   133
Como foi a eleição para presidente em 1998?   138
   Os principais candidatos   138
Como foi a eleição para presidente em 2002?   143
   Os principais candidatos   144
Como foi a eleição para presidente em 2006?   149
Como foi a eleição para presidente em 2010?   154

Considerações finais   161

Referências bibliográficas   239

Prefácio

Que bom seria se a vida tivesse uma trilha sonora, assim como acontece nos filmes e nas novelas. Neles, a trilha modula a intensidade dramática e nos permite identificar-nos com os personagens, promovendo sensações e resgatando os momentos felizes ou tensos do drama nosso de cada dia.

Mas eu garanto a você, leitor, que Carlos Manhanelli coloca trilha sonora em tudo que faz e, vez ou outra, se vale de efeitos de sonoplastia para chamar a atenção ou para fazer um contraponto com ele mesmo. Veja o título deste livro: *Jingles eleitorais e marketing político – Uma dupla do barulho*. Podemos constatar aí a lembrança sonora que se faz presente em nossa mente quando pensamos em uma propaganda musicada. O efeito sonoro do barulho aparece como recurso retórico para evidenciar o resultado positivo do uso adequado da música e do seu atávico poder mnemônico.

Minha tentação, ao apresentar este novo trabalho do autor, seria usar a sinfonia como metáfora. Contudo, ele não foi concebido em quatro partes ou quatro movimentos, tampouco conta com uma orquestra. Por outro lado, evidencia-se a presença de um solista. Permita-me conceber aqui a proposta de um concerto; eu poderia até chamá-lo de "Concerto para uma campanha inesquecível". Afinal, temos o solista, os instrumentos e uma construção melódica, produzida por um conteúdo teórico articulado em três capítulos-movimentos, que harmonicamente produzem efeitos – lembra-se do barulho?

Pois bem, o que o solista Manhanelli propõe aqui é um concerto que começa com o Capítulo 1 em *adagio*, apresentando lentamente uma série de conceitos – como marketing, comunicação e gestão estratégica –, imprimindo um pouco mais de energia em um *moderato* quando foca a diferenciação entre marketing político e marketing eleitoral e mostrando que a articulação entre estratégia e arte é a lógica da produção publicitária.

No Capítulo 2, o movimento mescla o *andante*, ao apresentar o surgimento da propaganda musicada no Brasil, e a recuperação histórica do jingle brasileiro. Verificamos aí momentos de *allegro*, que imprimem agilidade e energia à obra ao recuperar, por exemplo, o refrão "Varig, Varig, Varig", que foi substituído pelo efeito sonoro "Tururu, tururu, tururu". Ficamos sabendo, ainda, que o Guaraná Espumante Antarctica recebeu uma peça composta pelo grande maestro Villa-Lobos e que em 1932 foi veiculado o primeiro jingle do Brasil, realizado para o pão Bragança. Lembramos, também, da simplicidade e da eficiência do jingle do Melhoral: "É melhor e não faz mal".

O Capítulo 3 foi desenvolvido quase todo em movimento *presto*, tão acelerado quanto a própria história retratada nele: as campanhas eleitorais ocorridas entre 1930 e 2010. Nesse ponto, o autor apresenta a evolução técnica e estratégica ocorrida na criação dos jingles e das trilhas sonoras. Contudo, há também um movimento *allegro ma non troppo*, cuja energia constante demonstra o que é um jingle eleitoral, qual a sua validade, de onde parte sua concepção – tudo isso corroborado por opiniões de especialistas acadêmicos e profissionais, o que oferece ao leitor um arcabouço teórico consistente para a leitura das campanhas apresentadas no capítulo.

Talvez motivado pela história recente, ou ainda pela postura profissional, a esse ponto do concerto Manhanelli imprimiu um *presto con brio*. Afinal, estamos diante de uma prática política totalmente midiatizada, com investimentos e recursos impensáveis nos períodos anteriores. Contudo, podemos considerar que este não foi nem é um concerto de uma nota só, pois ao final você terá acesso a uma rica bibliografia e certamente compreenderá que, longe de um barulho sem sentido, este livro é um concerto com início, meio e fim, cujas mudanças de movimento são tão intencionais como as letras reproduzidas aqui. Aliás, sugiro que você se aprofunde na leitura e permita-se ouvir a trilha sonora em sua memória.

Madri, maio de 2011

DANIEL GALINDO
Professor titular da Universidade Metodista de São Paulo (Umesp)
e da Escola Superior de Propaganda e Marketing (ESPM)

Introdução

O trabalho de pesquisa que deu origem a este livro teve como objetivo estudar os jingles utilizados nas campanhas eleitorais presidenciais diretas, e outras campanhas interessantes, como peças publicitárias encaixadas no processo de marketing eleitoral dos candidatos. Campanhas eleitorais, principalmente as associadas aos cargos de maior relevo, despertaram emoções e movimentos sociais distintos em cada época. Os símbolos (como a famosa vassoura de Jânio), as fotos, as palavras de ordem, os discursos, as cores e os jingles fazem parte do arsenal de divulgação, propaganda e persuasão utilizado por estrategistas de tais campanhas.

Em época de eleição é comum encontrar nas ruas carros de som executando os jingles eleitorais dos candidatos. "Lula lá/ Brilha uma estrela", "Varre, varre, vassourinha/Varre, varre a bandalheira", "Ei, ei, Eymael/Um democrata cristão" e "Na hora de votar/Eu vou jangar" são alguns dos trabalhos publicitários que entraram para a história ao serem propagados pelo país. Aparentemente inofensivos, são estrategicamente estruturados e elaborados para causar impacto no eleitor.

É possível notar elementos publicitários comuns na composição dos jingles, que exercem papel fundamental na divulgação de campanhas eleitorais, principalmente no rádio, que, como meio de comunicação de massa, garante a disseminação de ideias por todo o país e a cooptação de simpatizantes e militantes, inserindo o candidato no contexto político e social por meio da música.

No Capítulo 1 desta obra, aprofundamos os conceitos de marketing político e de marketing eleitoral, de cujas técnicas os jingles eleitorais fazem parte. Analisando o processo que caracteriza o marketing, entenderemos o papel do jingle nas campanhas eleitorais; além disso, perceberemos que os jingles eleitorais não são utilizados apenas em campanhas políticas, mas em todos os processos em que se procura persuadir eleitores e conquistar votos (como os que ocorrem em federações, clubes de futebol, sindicatos etc.).

No Capítulo 2, o jingle é analisado como elemento publicitário e como técnica de persuasão dirigida ao consumidor. Buscamos o conceito teórico e prático dessa ferramenta, cuja presença nos meios de comunicação ainda hoje é marcante, garantindo que a mensagem publicitária seja transmitida de forma convincente.

Em diversas ocasiões os jingles se tornaram maiores que o próprio produto, virando marchinhas de carnaval, por exemplo, ou mesmo músicas populares. Descendentes diretos dos mascates e seus pregões cantados, eles fazem bonito na publicidade, com suas melodias se transformando em trilha sonora da vida de milhares de pessoas.

O jingle é uma música feita para vender, que, aparentemente sem grandes pretensões, mas na realidade repleta delas, comunica conceitos e provoca emoções, permitindo que se transmitam valores diversos almejados por sua "audiência", como o *status*, a juventude e o prazer. O objetivo é fazer que o público-alvo veja de forma positiva o consumo do produto em questão. Suas armas de sedução? Em primeiro lugar, a fantasia e a imaginação, vocações fundamentais do rádio; depois, o encanto, a alegria e a magia da música, unida a argumentos simples de venda.

O Capítulo 3 analisa o jingle eleitoral como peça publicitária, contando com a ajuda de teorias consagradas, elaboradas por autores reconhecidos, para estudá-lo e classificá-lo.

Vale mencionar que a música eleitoral comumente chamada de "jingle" (ou seja, uma peça publicitária musical que enaltece um candidato) passou a ser utilizada em campanhas eleitorais na eleição de 1930, lembrando que a primeira música feita exclusivamente para uma campanha presidencial foi *Seu Julinho vem*, criada para o candidato Júlio Prestes e cantada por Francisco Alves. Antes dessa data,

> as composições, embora tomassem partido na campanha eleitoral, não eram jingles e tampouco pareciam encomendadas. Na verdade, não apoiavam candidatos. Simplesmente eram do contra, mas sem perder o bom humor e sempre revelando certa dose de ingenuidade. (Martins, s.d.)

De lá para cá, muitas músicas foram feitas para promoção de candidatos nas campanhas eleitorais. Houve uma interrupção durante as ditaduras (Estado Novo e período militar), o que não impediu que as músicas eleitorais marcassem os períodos de eleição democrática direta. O rádio, responsável direto pelo aparecimento dos jingles, tornou-se o grande divulgador das músicas eleitorais, ideia importada dos Estados Unidos, país em que os produtos eram promovidos por meio de canções.

Alguns jingles mais antigos até hoje são lembrados, constituindo peças-chave na história da propaganda, da comunicação e do rádio. Documentos atestam que a primeira propaganda musicada no rádio brasileiro foi a de uma padaria, a Padaria Bragança, feita por Nássara em 1932 e vendida por Casé (1995, p. 50).

Lembramos que, no Brasil, os jingles comerciais só foram permitidos no rádio a partir de 1º de março de 1932, ou seja, quase nove anos após sua inauguração, realizada por Roquete Pinto em 20 de abril de 1923. No que diz respeito aos comerciais de forma geral, seu uso no rádio foi permitido, nos Estados Unidos, apenas em 1926; no Brasil, essa autorização ocorreu em 1931, para garantir a sobrevivência do rádio.

Segundo Nunes (*apud* Costa, Silva e Bianco, 2003, p. 4), "o jingle é uma gravação publicitária essencialmente musical, com mensagem cantada", cuja primeira etapa de produção parte do briefing. Assim, podemos concluir que os jingles eleitorais são peças compostas para atingir os eleitores, de forma a elevar as qualidades do candidato no decorrer do pleito eleitoral. São peças publicitárias musicadas feitas sob encomenda para valorizar um candidato a um cargo eletivo, sempre orientadas por um briefing.

> O briefing ocorre todas as vezes que uma informação passa de um ponto para outro e o propósito de organizá-lo corretamente é o de assegurar a passagem da informação certa – da pessoa certa para a pessoa certa – na hora certa, da maneira certa, com o custo certo. (Sampaio, 2003, p. 262)

> [O briefing é o] conjunto de dados fornecidos pelo anunciante para orientar a sua agência na elaboração de um trabalho de propaganda. (MXStudio, 2004)

O jingle eleitoral não é uma manifestação musical espontânea que nasce de um movimento social ou cultural, de massa ou segmentado; é uma peça publicitária. Ele é intencionalmente produzido. Sua criação parte de uma vontade e uma orientação específicas, tendo como intuito a persuasão. O restante das músicas de cunho político é constituído por canções de protesto contra governos já implantados e de contrapropaganda, sátiras contra governantes, paródias ou galhofas. Não há como classificar essas outras músicas como jingles políticos, pois o jingle (eleitoral ou comercial) deve necessariamente exaltar as qualidades de uma pessoa ou produto.

O jingle representa uma parte do conjunto de peças publicitárias que compõem uma campanha eleitoral. Entre santinhos, outdoors, bandeiras, cartazes e anúncios na internet, no rádio e na TV, não tenha dúvida: no final, é do jingle que você vai se lembrar.

Diante do exposto, pergunta-se: quais seriam as características publicitárias comuns a todos os jingles eleitorais, garantindo que atuem a favor dos candidatos?

1
O QUE É MARKETING

Nunca uma palavra foi tão mal interpretada quanto esta: marketing. Sua má fama remonta à sua etimologia: o termo tem origem em *mercare* (comerciar), *meriri* (servir por dinheiro) e *merere* (receber). Essa origem é comum a outras palavras, como mercador, mercenário e assim por diante.

As empresas em muito têm contribuído para que o marketing seja visto exclusivamente como fomentador do consumismo ou instrumento de lavagem cerebral, para que se torne sinônimo de propaganda ilusória, venda agressiva, propaganda enganosa. Isso ocorre pelo fato de sua atenção estar voltada apenas para os lucros. Nessa linha de ação, diversas empresas desenvolvem produtos que consideram ideais, sem, no entanto, consultar o público que visam atingir. Depois de finalizados os produtos, esperam alcançar seus objetivos com uma publicidade maciça e uma equipe agressiva de vendedores.

> Uma vez, lendo o *Jornal do Brasil*, tive a atenção despertada por um título na seção cartas: "O Marketing da Morte". Tratava-se da reclamação de um leitor a quem tinham tentado vender uma coleção de livros que – alegava o vendedor – seu tio havia encomendado para lhe dar de presente pouco antes de morrer. Desconfiado, recusou-se a aceitar a encomenda e muito menos pagar por ela. Sua recusa deflagrou pressões da firma vendedora de livros, utilizando os argumentos de "respeitar as últimas vontades do falecido". Este conto do vigário foi populari-

zado entre nós por um filme norte-americano intitulado *Lua de Papel*. Marketing foi usado pelo editor como sinônimo perfeito de vigarice. (Penteado Filho, 1990, p. 3)

Para esses "praticantes", marketing nada mais é do que sinônimo de propaganda e vendas. Assim, entre a população em geral fixou-se uma imagem negativa: o marketing lembra aquele bombardeio de anúncios no rádio e na televisão, ou os cartazes de todos os tamanhos que poluem a cidade, ou, ainda, aquele vendedor insistente, chato, que violenta a vontade do cliente e empurra um produto jamais desejado ou totalmente desnecessário.

Na verdade, o termo marketing entre nós encontra-se associado a diversas conotações indesejáveis e, até certo ponto, comparáveis a implicações políticas ligadas às chamadas "ideologias estrangeiras". Para muitos, ainda, o marketing é uma técnica importada dos Estados Unidos, com a exclusiva finalidade de forçar os brasileiros a adquirirem, a preços extorsivos, bens e serviços que não necessitam. (Penteado Filho, 1990, p. 5)

Marketing não é e nunca foi isso. "Marketing é o conjunto de esforços realizado para criar (ou conquistar) e manter clientes satisfeitos e lucrativos" (Gracioso, 1997, p. 29). Ele é o grande celeiro das atividades que vão ao encontro do mercado, do que ele quer, deseja, necessita, precisa e anseia, envolvendo conhecimentos e técnicas comunicacionais, principalmente na área de publicidade e propaganda, e todas as ciências e técnicas que possam ajudar no entendimento e percepção do mercado, assim como na determinação das possíveis formas de apresentação de produtos e serviços a esse mesmo mercado.

[...] o Marketing influencia todas as outras áreas [de uma empresa], determinando mudanças no produto, nas verbas destinadas à produção, nas vendas etc. O Marketing rege o futuro da empresa como um maestro, fazendo músicos e instrumentos diferentes trabalharem harmoniosamente na busca de um objetivo comum: o sucesso. (Branco, 1998, p. 13)

Segundo a ideia de ambiente de marketing defendida por Kotler (1998, p. 47-51), a administração de marketing está inserta no macro e no microambiente.

Em 1967, Philip Kotler lançou a primeira edição de seu livro *Administração de marketing*, em que se dedicou a reunir, revisar, testar e consolidar as bases daquilo que até hoje forma o cânone do marketing.

Em algumas de suas definições, o estudioso esclarece que marketing é uma técnica de estudo do mercado.

> Marketing é uma "atividade humana dirigida à satisfação das necessidades e desejos através de um processo de troca". É também "o desempenho de atividades empresariais que dirigem o fluxo de bens e serviços do produtor para o consumidor". (Kotler, 1998, p. 47)

> Marketing é a entrega de satisfação para o cliente em forma de benefício. (Kotler e Armstrong, 2003, p. 51)

> Um Sistema de Informação de Marketing consiste de pessoas, equipamentos e procedimentos para coletar, selecionar, analisar, avaliar e distribuir informações de Marketing que sejam necessárias, oportunas e precisas para os tomadores de decisões em Marketing. (Kotler, 1998, p. 111)

Assim como o maestro que conhece todos os instrumentos de sua orquestra, o marketing rege a empresa como um todo, e sob sua batuta os diferentes departamentos trabalham visando a um único objetivo: o êxito. Não podemos deixar aqui de citar mais algumas definições clássicas de marketing, já que os jingles estão subordinados a ele.

Pode-se dizer que marketing é

a execução das atividades que buscam realizar os objetivos de uma organização, prevendo as necessidades do freguês ou cliente e dirigindo um fluxo de bens e serviços para a satisfação dessas necessidades, a partir do produtor para o freguês ou cliente. (Ries e Trout, 1986, p. 2)

Ou, ainda,

o conjunto de atividades destinadas a promover relações de troca entre um emissor e um receptor, no momento certo, por meio de canais adequados e mensagens apropriadas que atinjam o foco de interesse dos segmentos-chave. (Torquato, 2002b, p. 167-8)

MARKETING POLÍTICO × MARKETING ELEITORAL

Diversas definições já foram dadas a essas expressões, que, na verdade, são autoexplicativas. *Marketing* vem da junção da palavra *market* (da língua inglesa), que quer dizer "mercado", com o sufixo *-ing*, que indica ação. Portanto, temos como definição de marketing o mercado em ação, o movimento do mercado. Por derivação, marketing também é definido como a técnica que estuda o movimento do mercado.

O *marketing político* estuda o movimento e as reações dos que recebem as ações políticas. Temos visto, pasmos, várias ações de propaganda, venda, comunicação, relações públicas, cerimonial etc. serem chamadas de ações de marketing político. Para que possamos prosseguir com este texto, é preciso deixar claro que não existe uma ação de marketing, e sim ações derivadas de um estudo do comportamento do mercado a ser atingido.

Uma ação não relacionada com outras ciências ou técnicas não pode ser chamada de marketing; propaganda é propaganda, venda é venda, pesquisa é pesquisa, e assim por diante.

Assim, pode-se dizer que marketing político

é um conjunto de técnicas e procedimentos que tem como objetivo adequar um candidato ao seu eleitorado potencial, procurando fazê-lo, num primeiro momento, conhecido do maior número de eleitores possível e, em seguida, mostrando-o diferente de seus adversários, obviamente melhor que eles. (Rubens Figueiredo, 1994, p. 10)

Para Rodrigo Mendes Ribeiro (2002, p. 98),

Atualmente, o Marketing Político é a principal forma utilizada pelas elites políticas para conquistarem e manterem-se no poder. Representa o conjunto de técnicas de persuasão política e procedimentos de natureza estratégica voltados para a disputa pelo controle da opinião pública, a tentativa do domínio da recepção das imagens públicas.

"Adequar um candidato ao seu eleitorado"; cabe aqui falar um pouco sobre isso, falar sobre a aplicação do marketing eleitoral. Assim como o marketing comercial necessita, na maioria das vezes, mudar o produto para adaptá-lo às expectativas do consumidor, o candidato, em muitos casos, tem de mudar para se adaptar ao que o eleitorado espera. Isso não significa que ele deva tentar enganar o povo sendo aquilo que não é. Trata-se de adaptações ao ambiente eleitoral predominante na eleição em questão. Se o candidato não estiver predisposto a mudar para adaptar-se às expectativas do eleitorado, será melhor fazer uso apenas da propaganda, pois a utilização do marketing eleitoral será inócua.

O marketing político não corresponde a uma única disciplina. Ele é composto de várias influências, formando um mosaico multidisciplinar com o predomínio das áreas administrativa e de comunicação.

O Marketing Político configura-se como uma atividade multidisciplinar. Ele tem interfaces com a administração, quando procura sistematizar e hierarquizar procedimentos a serem adotados por candidatos e/ou partidos (como a definição de uma agenda política pessoal ou a arrecadação de fundos para uma campanha eleitoral); com a psicologia, quando adota a persuasão como estratégia de comunicação (transformando candidatos sisudos em sorridentes, dogmáticos em populares, tristonhos em enfáticos); com a própria dimensão política, quando alinha candidatos e partidos em determinadas dimensões ideológicas (tendo que mostrar como candidatos socialistas, liberais ou social-democratas resolverão os problemas de empregos, educação ou saúde); por fim, com publicidade eleitoral, que envolve a comunicação em diferentes veículos (tendo de mostrar conteúdos simbólicos, "slogans", "jingles" e discursos que funcionam como marcas registradas de uma candidatura). (Queiroz, 2005, p. 10)

Vale mencionar que o marketing político não é tão novo assim:

De certa forma, sem levar esse nome e utilizar todo o aparato tecnológico de nosso tempo, o marketing político sempre foi utilizado pelas grandes figuras da história. Jesus, Hitler, Stalin, Napoleão empregaram seu marketing político pessoal na galvanização dos grupos com quem tiveram contato. (Figueiredo, 1985, p. XIII)

No jornal *O Estado de S. Paulo* de 4 de junho de 2006, foi descrito por Gabriel Manzano Filho um manual para candidatos eleitorais datado de 64 a.C.:

O texto em questão é o *Comentariolum Peticionis* – em bom português, *Breve manual de campanha eleitoral*. Escreveu-o, em 64 a.C., Quinto Túlio Cícero, para seu irmão famoso, o orador Marco Túlio Cícero, que naquele ano decidiu candidatar-se a cônsul, uma espécie de magistrado supremo do Senado romano. Não sendo da nobreza, Cícero queria convencê-la a votar nele, mas ao mesmo tempo precisava manter seu prestígio com o povo.

Partindo desse ponto, começaremos a penetrar no mundo do marketing político.

Muitos têm explicado o marketing político como uma ação simplesmente eleitoral. Em nossa concepção, marketing político é diferente de marketing eleitoral. No primeiro caso, o público é o alvo das ações políticas ou sociais derivadas dos detentores dos cargos executivos e legislativos. No segundo, o público precisa ser convencido a votar neste ou naquele candidato.

Assim, o marketing como técnica para uso político divide-se em dois tipos: o marketing eleitoral e o marketing político. Segundo Rubens Figueiredo (1994, p. 11),

> Existe uma diferença entre o marketing político e o marketing eleitoral. O marketing político é algo mais permanente, é quando o político no poder se preocupa em sintonizar sua administração com os anseios dos cidadãos. Isso acontece através de pesquisas regulares, boa assessoria de comunicação, correção em possíveis falhas, publicidade dirigida etc. Já o marketing eleitoral aparece na hora do "vamos ver", quando todos os candidatos saem à procura de um mandato.

O marketing político equivale à formação da imagem de um político que pretende alcançar projeção no seu meio. Como todo ser humano é político, a sua aplicação estende-se a outras áreas, envolvendo profissionais que também almejam tal projeção, como empresários ou dirigentes de times de futebol.

É válido esclarecer que

> o marketing como ciência para uso político divide-se em duas matérias, o marketing eleitoral e o marketing político.
> Muitos autores [...] já consagraram diversas obras ao marketing eleitoral, mas, pela própria confusão entre as duas matérias, o termo marketing político é usado exclusivamente em campanhas eleitorais. (Manhanelli, 2004, p. 14)

Os conceitos de marketing político e eleitoral são frequentemente confundidos. Diversos autores não levam em consideração essa distinção, publicando trabalhos sobre marketing eleitoral com títulos associados ao marketing político.

O marketing político está relacionado com a formação da imagem do político a longo prazo.

A preocupação do marketing eleitoral, por sua vez, é com o curto prazo. Estratégia e tática são montadas de forma que, no momento da eleição, o candidato obtenha o maior número de votos possível e atinja seus objetivos. O fator crucial é o tempo. "As estratégias aplicadas aos dois enfoques são bastante distintas" (Grandi, Marins e Falcão, 1992, p. 32).

Em nosso conceito, marketing político é um conjunto de atividades desenvolvidas por um político no poder com o objetivo de satisfazer os desejos e as necessidades dos cidadãos e, ao mesmo tempo, atender aos interesses desse político.

Diferentemente da propaganda política, em que governos e políticos desenvolvem esforços para "vender" e "propagar" as ações sociais realizadas, tratando de persuadir a sociedade de que tais ações eram as mais indicadas, no marketing político o governo ou político procura, antes, obter informações sobre o que a sociedade quer, deseja, necessita, precisa e anseia, para em seguida realizar ações sociais adequadas a esses desejos.

Acreditamos que a maior diferença entre as duas matérias resida no fato de que o marketing político é missão, enquanto o marketing eleitoral é empreitada, tem dia e hora para começar e terminar. No marketing político, o maior objetivo é a manutenção e ampliação do poder. Já no marketing eleitoral, a única missão consiste na persuasão dos eleitores e cooptação de votos, visando à conquista do poder. No marketing político, a comunicação intermedeia a relação entre o político, a imprensa e a população, definindo as ações a serem realizadas. No marketing eleitoral, a preocupação básica é expor a figura do candidato e convencer o eleitor de que ele é o mais competente e de que suas propostas darão mais resultado que as de seu adversário. No marketing político podemos ter objetivos de médio e longo prazo. No marketing eleitoral os objetivos são sempre de curto prazo. As ações políticas podem ser implementadas no intuito de satisfazer segmentos pequenos ou médios. Já as ações eleitorais, principalmente as relacionadas a cargos de maior relevo, devem existir apenas em função de sua capacidade de atender a uma expectativa ou um desejo que a população já tenha manifestado, e em um grau que satisfaça a maioria. Esclarecemos que nesta obra vamo-nos concentrar no marketing eleitoral, e não no marketing político.

Uma terceira segmentação do marketing se apresenta no mundo político: é o marketing partidário, que trata da instituição representada pelo partido político e aplica suas técnicas em prol dessa instituição, que passa a adquirir maior importância em relação ao político ou ao candidato.

Voltando ao marketing eleitoral, vale destacar que, no Brasil, ele já conta com uma longa história:

> Quando o deputado Magalhães Pinto chamou a Belo Horizonte o jovem publicitário João Moacir de Medeiros (JMM), seu apelo um tanto cético definia claramente a situação do seu candidato. "Por favor, Moacir", disse o deputado, "veja que propaganda você pode fazer para o Celso Azevedo não perder feio." O que se seguiu nos trinta e cinco dias após JMM aceitar a missão poderia ser a história de apenas mais uma grande "zebra" eleitoral. Mais do que isso, entretanto, a campanha vitoriosa de Celso Azevedo para a prefeitura de Belo Horizonte, em 1954, tornou-se o primeiro caso registrado da utilização das técnicas de marketing eleitoral no Brasil. (Grandi, Marins e Falcão, 1992, p. 35)

Podemos defini-lo como a modalidade de marketing que estuda os eleitores votantes em determinado período e local. Como já foi dito, trata-se de uma empreitada, com dia e hora certos para começar e terminar suas atividades. Sua meta é dar destaque a um nome e suas qualidades da forma mais efetiva possível, veiculando, por meio de suas ações, conteúdos que façam o eleitorado familiarizar-se com o nome e as qualidades, posteriormente valorizando-os, para que eleja o candidato ao cargo em questão. O objetivo único de sua existência é a cooptação de votos e a persuasão dos eleitores. Assim, dá maior ênfase à propaganda, em detrimento da comunicação, conceituando-se aqui a propaganda como arma de convencimento.

Marketing eleitoral é o conjunto de esforços despendidos em torno de um partido (ou coligação) e seu candidato, tendo em vista um objetivo eleitoral; tais esforços necessitam, portanto, de planos específicos, envolvendo coligações e apoios, plataforma eleitoral, agenda do candidato, comunicação, provisão de fundos, logística etc. (Teixeira, 2000, p. 14).

A observação do eleitorado, efetuada por especialistas, fornecerá subsídios para as decisões estratégicas. De acordo com Santos (2007, p. 166), "entendido como uma estratégia dirigida especialmente para o eleitor, o marketing eleitoral visa a fazer um partido e o seu candidato vencerem uma determinada eleição".

Já Rubens Figueiredo (1994, p. 9) afirma que, em campanhas eleitorais,

> Marketing é mais que táticas e jogadinhas. Marketing é fundamentalmente estratégia, definida com antecedência por especialistas que analisam as pesquisas, estudam o quadro político, pesam virtudes e defeitos dos adversários, informam-se sobre as características do eleitorado e assim por diante.

Desse modo, os estudos do mercado eleitoral deverão apresentar os desejos, necessidades e anseios do eleitorado, segmentando-o social ou geograficamente e determinando as formas de uso das ferramentas que compõem o arsenal comunicacional de uma campanha eleitoral. Essas ferramentas podem ser classificadas como:

- do marketing: pesquisas, sondagens, avaliações, táticas, estratégias, criação e novas ações;

- da propaganda e publicidade: estudo de meios de comunicação, veiculações, criações artísticas, jingles, fornecimento de leiautes, outdoors, indoors e peças publicitárias;
- das ações segmentadas de comunicação: mala direta, vídeo-release, documentários especiais, eventos restritos e eventos especiais;
- da radiocomunicação: rádio-release, matérias jornalísticas e pauta para rádio;
- da mídia eletrônica: filmagens, produção, pós-produção, formatação de vídeos, spots, *media training*, técnicas de abordagem;
- da mídia impressa: assessoria de imprensa, orientação de pautas, acabamento jornalístico, forma de abordagem, alocação de notícias, atendimento à imprensa, orientação para coletivas, fotos.

No que diz respeito às fotos, é válido falar sobre as táticas e estratégias utilizadas para aperfeiçoar a imagem passada por elas. Baseados em nossa experiência, podemos afirmar que todo candidato necessita de, no mínimo, cinco boas fotos para começar o trabalho de assessoria de imprensa e propaganda de sua campanha eleitoral.

Boas fotos do candidato são componentes essenciais para qualquer campanha; elas são determinantes tanto em disputas locais quanto nacionais. Em uma campanha eleitoral, uma boa fotografia pode garantir, literalmente, milhares de votos a mais.

Alguns exemplos do uso das fotos demonstram claramente a importância desse recurso no processo eleitoral. Dois dos mais conhecidos referem-se a campanhas de Paulo Maluf.

Primeiro, como candidato à presidência da República em 1984, disputando contra Tancredo Neves. No colégio eleitoral, Maluf usava óculos bifocais e, quando olhava para as pessoas, acabava levantando o queixo. Nas fotos, sua expressão parecia determinar uma postura arrogante e prepotente; como já estava associada aos militares, a imagem reproduzida foi facilmente identificada pela população.

Mais tarde, quando se candidatou a prefeito de São Paulo, Maluf foi orientado pelo então técnico em marketing político Duda Mendonça a mudar seus óculos, optando por lentes que evitassem o movimento de cabeça e o reflexo provocado pelos flashes.

O que se busca usando todas essas ferramentas é a sinergia entre o candidato e a sociedade: ela fornece informações por meio das pesquisas, ele baseia suas ações eleitorais e propostas nessas informações e as comunica à sociedade. Ela, então, avalia a eficácia dessas propostas eleitorais no que concerne ao atendimento de seus anseios, desejos, necessidades e aspirações. Caso confirme tal eficácia, a sociedade devolverá prestígio popular ao candidato, que então usará a comunicação para propagar esse conceito.

O marketing eleitoral constitui-se numa poderosa ferramenta para atingir a vitória nas urnas. Ele objetiva otimizar o uso dos recursos, estabelecer o planejamento necessário, propiciar controles financeiros e contábeis, o que resulta em uma campanha mais limpa, mais harmônica, mais ética e com uma melhor relação custo-benefício.

> Numa campanha, o marketing funciona captando todas as informações possíveis, analisando-as e reciclando essas informações sob a forma de estratégias, que, aplicadas pelo candidato, vão gerar novas reações e mais informações, formando um círculo contínuo de entrada e saída de estratégias. Desta forma, aumentam também o conteúdo e a qualidade da campanha. Como segunda função, a utilização do marketing visa aumentar a eficiência de uma campanha, estudando e elaborando métodos de ampliar a penetração de um candidato junto ao eleitorado, analisando as alianças mais viáveis, estudando símbolos, slogans, jingles, organizando roteiros e calendários de atuação, adequando cada material, serviço ou brinde, procurando dar personalidade distinta a uma campanha, para que ela aumente as suas possibilidades de memorização por parte do público. Além disto, o marketing organiza e administra todos os recursos da campanha, racionalizando gastos e reduzindo desperdícios,

o que reflete automaticamente na redução dos custos. O marketing não se preocupa apenas com a imagem ou com o visual de uma campanha. Envolve-se com toda a planificação e coordenação da mesma, ocupando-se de todos os detalhes que tomam tempo ao candidato. E tempo, em ano eleitoral, é sinônimo de votos. (Kuntz e Luyten, 1982, p. 23)

Fica constatado, após essas definições, que o marketing eleitoral não é composto de apenas um conhecimento. São necessários vários profissionais para levar adiante qualquer campanha eleitoral com o mínimo de competência. Um bom profissional de marketing eleitoral deve conhecer profundamente as atividades associadas ao processo eletivo, dominando não somente os aspectos promocionais e de comunicação, mas também os ligados às áreas jurídica, operacional e política da campanha. Esse conhecimento só pode ser adquirido com muita experiência e o acompanhamento integral de todas as variáveis que possam interferir no processo.

O profissional de marketing eleitoral funciona numa campanha como um diretor de marketing dentro de uma organização empresarial. Deve ser o elo entre candidato e agência no que diz respeito às estratégias comunicacionais, publicitárias e de divulgação. Como bom maestro, ele deve reger a orquestra de forma a não deixar os músicos se afastar da melodia, para que não desafinem.

Já ao assessor de propaganda, ou agência contratada para tal, cabe a determinação de toda a parte visual da campanha, bem como a criação e redação de peças, além da supervisão da produção de filmes, jingles, audiovisuais e de serviços que necessitem de orientações específicas. Não é recomendável que a agência seja a principal responsável pela estratégia da campanha, por deter apenas uma expertise. É necessário, sim, que faça parte do conselho superior das estratégias de campanha, em que, com certeza, colaborará muito no processo de tomada de decisões conduzido pelo núcleo de inteligência.

PESQUISAS: UM CAPÍTULO À PARTE

A pesquisa é, para a campanha eleitoral, como a bússola para quem precisa achar um caminho. Ela mostra o norte e indica os caminhos a serem percorridos. As pesquisas não se prestam apenas a mostrar "quem está na frente"; na corrida eleitoral, esse é somente um dos pontos detectados por elas. As informações fornecidas pelas pesquisas servem para direcionar todas as estratégias da campanha.

> A pesquisa é um instrumento decisivo na vida de qualquer candidato. Para começar, será preciso realizar duas boas pesquisas: uma quantitativa (para indicar que porcentagem do eleitorado efetivamente o conhece, quantos têm a intenção de votar nele, como se divide sua base); outra qualitativa, que indica quais são, para o eleitorado, suas qualidades e seus defeitos, pontos positivos e negativos. A partir de uma boa análise desta pesquisa, surgirá a estratégia da campanha. (Brickmann, 1998, p. 33)

A pesquisa quantitativa costuma ser alardeada pelos candidatos que estão na frente e desprezada por quem está atrás. A imprensa em geral faz manchetes citando apenas os números frios relativos a quem está na liderança e aos outros candidatos. Números em campanhas eleitorais podem ser mudados em 24 horas – vários casos comprovam isso. Alguns exemplos: na eleição para prefeito de São Paulo em 1985, envolvendo, entre outros, os candidatos Jânio Quadros e Fernando Henrique Cardoso, o Ibope apontava a vitória de Fernando Henrique 24 horas antes do pleito, mas foi Jânio quem se sagrou vencedor. Na disputa Carter × Reagan, em que as pesquisas mostravam, três dias antes, os dois candidatos empatados, Reagan ganhou com larga margem de votos. Na disputa Kennedy × Nixon, em 1960, Nixon contava com aproximadamente cem mil votos a mais que Kennedy; contudo, após um famoso debate, uma nova pesquisa indicou que as posições haviam se invertido: Kennedy passou a contar com cem mil votos a mais que Nixon, sendo eleito.

> Por causa de sua formidável influência, a pesquisa tende a ser supervalorizada. Na realidade muitas decisões de sucesso na área dos negócios foram tomadas contrariando pesquisas. Por isso, antes de tudo, é preciso ter, no caso da interpretação dos levantamentos de opinião pública, senso das proporções. (Carlos Figueiredo, 1986, p. 73)

Não devemos nos ater aos números absolutos da pesquisa quantitativa. Eles devem ser lidos apenas como tendências, e não como verdade absoluta. A pesquisa nos traz muitas informações, indo além dos números. Um bom questionário, um trabalho de campo benfeito, uma boa tabulação, cruzamentos corretos e, principalmente, uma boa análise e leitura dos dados podem trazer grandes contribuições à campanha eleitoral, tornando possível a mudança da situação.

As pesquisas quantitativas costumam trazer uma série enorme de informações que, quando corretamente analisadas, podem ajudar bastante na montagem ou correção de uma estratégia de marketing eleitoral.

> Pesquisa sem análise é mais ou menos como um livro fechado: serve como ornamento. Uma pesquisa quantitativa mostra o quadro de determinado momento da disputa, como se fosse uma fotografia daquele momento. Esse quadro precisa ser lido por um especialista, com sensibilidade para separar o que é transitório daquilo que é importante e essencial. (Ney Figueiredo, 1994, p. 37)

A pesquisa qualitativa revela as emoções e sentimentos do eleitorado. Pode-se dizer assim que pesquisa quantitativa é razão e pesquisa qualitativa é emoção, já que dá aos participantes a oportunidade de demonstrar todos os seus sentimentos por meio das diversas formas de expressão (emoção na voz, no semblante, postura de convicção ou dúvida, gestual etc.).

> Um instrumento poderosíssimo de marketing eleitoral é a pesquisa qualitativa. Trata-se dos chamados grupos de discussão, através dos quais é possível mensurar as motivações mais profundas do eleitorado, a imagem ideal do futuro governante, os problemas que mais afetam a população, os valores mais presentes entre os eleitores e assim por diante. Nessas sessões, reúnem-se de oito a doze participantes, escolhidos de acordo com o perfil definido em função dos objetivos da pesquisa (educação, localização geográfica, idade etc.). O roteiro das discussões é previamente elaborado e o encontro é moderado por profissionais especialmente treinados para esse tipo de trabalho. Os relatórios analíticos das pesquisas qualitativas são fundamentais para a elaboração de estratégias de marketing eleitoral. (Ney Figueiredo, 1994, p. 33-4)

Concluindo: a pesquisa é o começo, o meio e o fim de qualquer campanha eleitoral. Ela é como o exame para o paciente: demonstra o que está ocorrendo por dentro e em que estágio está o problema. O diagnóstico extraído da leitura determinará qual o melhor procedimento para combater, fortalecer ou manter o estado apresentado.

Já ficou claro que a pesquisa é essencial. No entanto, de nada adianta realizá-la apenas para saber como estamos, quem somos e que imagem passamos; precisamos conhecer também a situação dos nossos oponentes. O raciocínio estratégico do embate eleitoral é muito próximo ao raciocínio de guerra. A terminologia usada nas eleições é idêntica à da guerra.

Analisemos a palavra *campanha*. Segundo o *Dicionário Priberam da Língua Portuguesa* (2010), campanha significa:

1. Série de operações militares durante uma guerra.
2. Acampamento de tropas.
3. Batalha.
4. *Poét.* Campo.
5. *Fig.* Grande esforço para obter um fim.

Assim, fica evidente a proximidade entre as campanhas eleitorais e as campanhas de guerra.

> No mundo democrático, todas as campanhas eleitorais usam e consolidam cada vez mais os conceitos de guerra em suas ações de cooptação e persuasão do eleitorado, de tal forma que estes dois fenômenos apresentam técnicas bem semelhantes. Podemos perceber facilmente que até as nomenclaturas empregadas têm certo paralelismo. "Estratégias", "táticas", "batalha dos votos", "penetração no segmento adversário", "domínio geográfico" e tantos outros termos e expressões fazem parte do vocabulário de quem milita nestas áreas. (Manhanelli, 1992a, p. 13)

Conclui-se que tanto na guerra como nas eleições estudar os concorrentes é essencial para definir o tipo de batalha a ser empreendido na campanha.

É válido mencionar que, nas campanhas eleitorais, três leis básicas podem ser reconhecidas (Pacheco, 1993, p. 20):

- *Lei da indiferença*: estão insertos no âmbito dessa lei os indecisos e indiferentes, que não notam, ou fazem força para não notar, o que se passa ao seu redor em termos eleitorais. O que aconteceria no Brasil se o voto não fosse obrigatório? Nos Estados Unidos, onde o voto é facultativo, apenas 30% da população costuma se apresentar para votar, ficando o restante indiferente ao processo eleitoral.
- *Lei da procrastinação*: dizem que o brasileiro costuma deixar a resolução de todos os seus problemas para a última hora (entrega da declaração do imposto de renda, compra de ingressos para eventos etc.). Nas eleições, ele não foge à regra: a grande maioria dos eleitores determina o voto pouco antes do momento de votar. Pesquisa realizada pelo Ibope e divulgada pelo jornal *O Estado de S. Paulo* em 22 de abril de 2002 (p. 9) revelou que 65% da população brasileira, a cinco meses do pleito, não estava interessada no processo eleitoral que

elegeria o próximo presidente da República. Marcos Coimbra, diretor do instituto de pesquisa Vox Populi, declarou: "A maioria da população tem outros assuntos com que se preocupar antes de pensar na corrida sucessória".

- *Lei da efemeridade*: durante as campanhas eleitorais, as pesquisas demonstram as oscilações que existem na opinião do eleitorado, indicando quanto muda a intenção de voto. Qualquer fala ou ação de um candidato, ou acontecimento associado a ele, pode influir na decisão final. O que se deve questionar é: que valor se dá ao voto? Um sorriso, um abraço, simpatia, uma cerveja, uma rodada de cachaça, chinelos, uma passagem de ônibus, um remédio, uma visita à residência etc. podem valer um voto. Ou seja, o valor do voto é efêmero.

COMUNICAÇÃO

Quanto aos elementos da campanha ligados à comunicação, destacamos os seguintes: imprensa, propaganda, rádio e TV, "rádio peão". A plataforma do candidato também é abordada, por ser determinante na elaboração das ações comunicacionais da campanha.

A área de imprensa deve cuidar do clipping diário e da assessoria de imprensa, providenciar os releases, fazer o acompanhamento do que é veiculado nos diversos canais de comunicação. Nessa área, o principal elemento é o assessor de imprensa. Um bom assessor de imprensa pode (e às vezes até deve) ser um jornalista, mas nem todo jornalista será um bom assessor de imprensa para campanhas eleitorais.

A assessoria de imprensa é fundamental em uma campanha eleitoral. Ela é capaz de colocar o postulante a um cargo eletivo dentro de moldes aceitáveis no que diz respeito à comunicação e de aumentar a penetração do candidato na imprensa. Uma das principais funções de um assessor de imprensa é a de preparar o candidato para que possa ganhar credibilidade e estabelecer uma comunicação clara e objetiva. Para isso, é necessário que o candidato aprenda técnicas de comunicação usadas na mídia impressa e eletrônica. Existem hoje vários cursos de *media training* que podem deixá-lo em condições de se apresentar bem nos meios de comunicação. Porém, não se pode esquecer esta antiga lição de publicidade: não há nada pior para um produto ruim do que uma boa campanha.

No que diz respeito à propaganda na campanha eleitoral, ela é organizada no sentido de influenciar a opinião pública, para que o maior número possível de eleitores vote em determinado candidato.

Como argumentamos anteriormente, a propaganda deve ser utilizada como uma das ferramentas que compõem o arsenal do marketing eleitoral, para levarmos a termo a estratégia e o planejamento traçado.

Em nosso país, tudo indica que, por muito tempo ainda, a propaganda eleitoral será mal utilizada, ou utilizada apenas como *bourrage de crâne* (método de convencimento por meio de argumentos falsos), e não como forma de cooptação de votos com o real atendimento dos anseios populares.

Nas campanhas eleitorais, a propaganda tem de valorizar ideias e indivíduos, mediante processos bem delimitados, e de promover a fusão entre ideologia, política e divulgação. A propaganda é ferramenta de convencimento, e não de argumentação.

Cabe à propaganda eleitoral estabelecer os símbolos, as músicas, as cores da campanha, criando um material condizente com o público-alvo, providenciar estudos de mídia e determinar as formas de propagação das atividades oriundas do marketing – por essa razão a propaganda eleitoral deve ser apenas uma ferramenta do marketing eleitoral, harmonizando o discurso com a ação política.

Desenvolver a propaganda eleitoral é exercer a criatividade em sua plenitude. Esse tipo de propaganda é ilimitado em suas possíveis variações, adaptações e efeitos.

Por definição, o horário de propaganda eleitoral na TV e no rádio serve, como o nome diz, para que seja feita a propaganda dos candidatos. No seu espaço, cada um fala o que quer, como quer – sem compromisso com a realidade, sem necessidade de comprovação dos fatos apresentados. Na propaganda eleitoral, raramente os candidatos são contraditados pelos adversários. Não há debate direto de ideias e propostas.

O rádio e a TV estão assumindo a função comunicacional dos partidos políticos nas campanhas eleitorais, tornando-se os principais canais de comunicação com o eleitorado e meios de organizar o público na votação. A mídia, muito mais do que os partidos políticos, é responsável pela formação de nossas ideias e de nosso comportamento político.

O rádio foi utilizado pela primeira vez com objetivos eleitorais na campanha de Júlio Prestes à Presidência da República. Antes disso, o número de aparelhos receptores era tão diminuto que não interessava a nenhum candidato gastar tempo e dinheiro com esse recurso. Logo depois, a ditadura Vargas impôs um período sem eleições. O rádio se fez presente de novo em 1945, na disputa presidencial entre Dutra e o brigadeiro Eduardo Gomes, mas se firmou realmente como arma eleitoral na eleição seguinte (1950), quando Getulio voltou como presidente eleito pelo sufrágio direto. Nas eleições seguintes (vencidas por Juscelino e Jânio), o rádio consagrou-se como principal ferramenta comunicacional das campanhas. Até que, novamente, uma ditadura encerrou a fase democrática e privou o país de eleições diretas. Quando o estado democrático retornou, ou melhor, quando se iniciou a abertura "lenta e gradual", nas eleições de 1974, a TV já contava com penetração suficiente para se apresentar no mínimo de igual para igual perante o rádio como ferramenta de marketing eleitoral. Por meio de seu uso, a oposição se firmou no país, levando o governo a instituir a famosa Lei Falcão, fazendo que a propaganda eleitoral na TV se limitasse a apresentar apenas a foto do candidato, com seu currículo lido por um locutor em off.

A TV foi usada eleitoralmente pela primeira vez em 1958, por Jânio Quadros, já pensando em sua candidatura à Presidência da República, em um programa de entrevistas comandado por ele na TV Record. A campanha eleitoral de 1960 contou com uma participação reduzida desse veículo, priorizando ainda os comícios e o rádio, embora já existissem os comerciais eleitorais televisivos de 30 segundos.

Após 1974, a TV começa a ganhar destaque e consagra-se como veículo primordial da transmissão do marketing eleitoral, chegando nos dias de hoje a ser considerada a maior e melhor ferramenta para propaganda e divulgação eleitoral.

Tratemos agora da "rádio peão" (central de boatos). Os boatos têm um componente infeccioso, ou seja, eles costumam ter alta capacidade de disseminação. Se não cuidarmos deles adequadamente, podem produzir danos graves ao organismo das campanhas. Se os promotores das campanhas tivessem, efetivamente, consciência desse fato, tomariam medidas profiláticas para evitar o surgimento e a propagação dos boatos, já que, a partir de determinado estágio de "contaminação", torna-se muito difícil debelá-los. Assim como um câncer, um boato não tem cura se já ocorreu a metástase.

A "rádio peão" é apenas uma transmissora de boatos e, apesar de sua eficiência nessa função, não se pode condená-la por isso, como não se pode quebrar um prato porque a comida que ele abriga não tem um bom sabor ou está estragada. O que o prato tem que ver com a incompetência do(a) cozinheiro(a) ou com a falta de qualidade dos ingredientes?

> A pesquisa social, sociológica, feita durante anos, descobriu algumas facetas do boato: 1ª) O boato, o rumor, a falsa informação tendem a ser ampliados e circular com maior quantidade de *bits* (unidades de informação) e rapidez, durante períodos de ansiedade, incerteza, insegurança, enfim, durante períodos em que o caldo social está agitado (tropas nas ruas, tanques, ameaças de guerra, períodos eleitorais, quebradeiras

de bancos, falências gerais, pestes, tremores de terra, pênalti contra o Corinthians etc.). 2ª) O boato tem ressonância entre pessoas com as mesmas referências, mesma classe, linguagem. Boato de elite ninguém entende lá em Mangueira, onde o cenário costumava ser uma beleza. 3ª) Qualquer testemunho ou evento que aumente o teor emocional do boato tende a acelerar sua circulação ("Não foi beijo, eles estavam na cama mesmo" ou "Inocente nada, diz que ele já estava condenado em Portugal"). Lei do Boato: A quantidade de boatos circulantes varia conforme a importância do assunto e dos nomes envolvidos, multiplicada pela ambiguidade da prova (não se pode provar ser mentira, não se pode provar ser verdade), do testemunho ou da falsa informação. (Andrade, 1996, p. 47)

O boato, portanto, deve ser combatido no início, pois pode ser uma poderosa arma tanto contra o candidato como a favor dele, dependendo de como se reage a ele.

Para finalizar, algumas palavras sobre a plataforma do candidato. Ela corresponde ao conjunto de planos ordenados, elaborado por técnicos com base em pesquisas sobre a opinião da população. É o que se apresenta à população em forma de projetos futuros e promessas, os quais servirão como base para a determinação do plano comunicacional, dos materiais a serem desenvolvidos e da postura do candidato na campanha eleitoral. A plataforma traz as bandeiras de luta, os objetivos a serem conquistados e os argumentos que justificam o voto.

Algumas regras fundamentais devem ser observadas:

- As promessas devem ir ao encontro das principais carências; portanto, não deve haver erros na identificação destas últimas.
- A imagem do candidato deve ser coerente com a plataforma.
- O cumprimento da plataforma deve ser algo viável, evitando-se utopias.
- A plataforma deve ser condizente com o cargo que se pretende (proporcional, segmentada).

- Devem-se evitar termos técnicos e rebuscados, usando-se linguagem simples e compacta, de fácil assimilação.
- O auxílio de técnicos deve sempre ser solicitado.
- A plataforma deve ser dividida por tópicos.
- Para a divulgação, devem ser utilizados veículos de fácil assimilação.

O desenvolvimento de uma plataforma nunca termina, já que ela sempre deverá ser atualizada, de acordo com a realidade dinâmica da comunidade.

Como já vimos, o marketing eleitoral é constituído por um conjunto de ciências e técnicas cujo maior objetivo é fazer que o eleitor veja o candidato de forma positiva.

É nesse contexto que está inserto o jingle eleitoral, e é sobre ele que vamos falar a partir de agora.

2
O JINGLE NO BRASIL

Os jingles estão em toda parte. São como fantasmas rondando-nos constantemente, e há mais tempo do que imaginamos. Não adianta resistir: quando menos esperamos, começamos a cantarolar algo como "Tá na hora de dormir/Não espere mamãe mandar", "Passa, passa o talco Rossi", "Pipoca na panela/Começa a arrebentar/Pipoca com sal/Que sede que dá", "Não adianta bater/ Eu não deixo você entrar", "O tempo passa/O tempo voa", "Estrela brasileira/No céu azul" ou "Dois hambúrgueres, alface, queijo, molho especial, cebola e picles num pão com gergelim". O jingle entra em nossa cabeça e nela se instala por muitos e muitos anos. Com rimas e frases de fácil memorização, além de melodias e arranjos bem bolados, os jingles no Brasil já contam com mais de oitenta anos de história.

A publicidade no Brasil, na época em que surgiram as primeiras propagandas comerciais musicadas (início do século XX), ainda não era um campo profissional reconhecido. Nesse período, a publicidade de bens e serviços era feita por literatos, artistas plásticos, vendedores, entre outros. Conforme Vianna (2004, p. 32), a "publicidade ainda era amadora, tida como segunda profissão para quem a produzia, apesar de os reclames serem publicados no Brasil desde o século anterior".

A primeira agência brasileira de propaganda foi fundada em 1891, com o nome de "Empresa de Publicidade e Comércio", tendo como finalidade a corretagem de anúncios (reclames) para jornais e revistas, a exemplo do que já acontecia em outros países (Martins, 1997, p. 24). Na verdade, tratava-se de uma corretora de anúncios, e não de uma agência de propaganda nos moldes das que conhecemos hoje. No jargão do mercado, os corretores eram conhecidos como "pastinhas", por causa das pastas que levavam embaixo do braço com modelos dos anúncios, mapas de inserção, exemplos de publicações e tabelas de preços.

A partir de 1914, apareceram no Brasil as empresas de anúncios, que mais tarde evoluíram e se tornaram agências de propaganda, tendo sido nossa primeira agência a paulista Castaldi & Bennaton, que logo se transformou em A Eclética. No final da Primeira Guerra Mundial, já contávamos, também, com as agências Pettinati, Edanée, a de Valentim Haris e a de Pedro Didier e Antônio Vaudagnoti. A primeira escola de propaganda no Brasil foi fundada em 1951, em São Paulo, sob o nome de Escola Superior de Propaganda.

Antes dos anúncios musicados, destacava-se o anúncio público de produtos feito pelos mascates, por meio dos pregões, muito similares aos jingles usados atualmente.

> José Ramos Tinhorão assevera que "a ideia de usar frases musicais para atrair compradores não era nova, pois, pelo menos desde o século XIX, os vendedores de rua usavam esse mesmo esquema – embora confiando apenas no alcance da própria voz – ao gritar suas mensagens sob a forma de pregão". Seu livro *Música popular – Os sons que vêm da rua* dedica, inclusive, um capítulo a esses pregões comerciais: baleiros, sorveteiros, amoladores etc. (Simões, 1990, p. 171)

O pregão a seguir, cantado por um sorveteiro no Rio de Janeiro, demonstra claramente a proximidade mencionada:

Sorvetinho, sorvetão
Sorvetinho de ilusão
Quem não tem 200 réis

Não toma sorvete não
Sorvete iaiá
É de quatro colidade [sic]
(Simões, 1990, p. 172)

A rima é utilizada desde os antigos pregões do século XIX para que o ouvinte possa memorizar com maior facilidade a letra da propaganda comercial musicada (anúncio): "Se bem não escreveu não foi Abreu quem vendeu" (Fundação João Pinheiro, 1997, p. 97). Esse método foi bastante utilizado para atingir os analfabetos, já que outras formas de propaganda, principalmente a escrita, muito usada na época, só serviam para as classes mais abastadas.

> O público, na maioria analfabeto ou semialfabetizado, encontrava nas rimas a indispensável ajuda mnemônica para melhor guardar temas e anúncios (era o que os anunciantes desejavam, por isso buscavam os poetas). Enfim, eles [os poetas] dessacralizaram o produto. Inteligentes, descontraídos, de certo modo anteciparam o ângulo do consumidor. Casimiro de Abreu fez graça, Lopes Trovão fez paródia, Olavo Bilac fez sátira. Batendo na tecla alegre, divertida, lançaram a semente do que mais distinguia a propaganda brasileira: o seu tom irreverente. (Ricardo Ramos, 1990, p. 3)

Aliás, é de Olavo Bilac a seguinte quadrinha de divulgação dos fósforos, usados por altas autoridades nacionais e internacionais:

Aviso a quem é fumante
Tanto o Príncipe de Gales
Como o Dr. Campos Sales
Usam Fósforo Brilhante
(Carrascoza, 1999, p. 78)

As primeiras notícias de que se tem conhecimento sobre o uso da música para convencimento e como meio de propaganda de bens e serviços remontam ao século XVI, envolvendo o então donatário da capitania de São Vicente, Martim Afonso de Souza, conforme esclarece o texto de Roberto Simões (1990, p. 171):

> [...] a 15 de junho de 1543, o donatário Martim Afonso de Souza, na capitania de São Vicente, baixava uma postura proibindo os mercadores de, nos pregões que antecediam as vendas, falar mal da mercadoria dos concorrentes. O que nos permite supor que era corriqueira a propaganda comparativa – pejorativa a ponto de se fazer necessária a fixação de normas de conduta ética em pleno século XVI.

O significado literal da palavra *jingle* é tinido, retinir (barulho do sino), ou seja, o som produzido com o intuito de chamar a atenção para alguma coisa, com o sino sendo tocado de uma forma específica para cada mensagem. A Igreja Católica desenvolveu toques de sino adequados a diversas ocasiões, enviando, assim, mensagens à população sobre os acontecimentos. Para cada mensagem, um retinir diferente. Casamentos, batizados, mortes, missas eram anunciados nas cidades por intermédio do toque dos sinos. Hoje, em algumas cidades do interior esse expediente ainda é usado pelas paróquias locais. No caso da propaganda, o "barulho do sino" é fundamental para divulgar as qualidades e propostas dos produtos e serviços, e, se for muito bom, pode servir de prefixo musical por bastante tempo (os jingles da Varig que surgiram depois de *Estrela brasileira*, de Archimedes Messina, puderam dispensar a menção ao nome da empresa: apenas o som orquestrado já remetia ao jingle clássico – bastava o "Tururu, tururu, tururu" para que se ouvisse "Varig, Varig, Varig").

> Mas, espera, vamos deixar as coisas claras, porque, para seu Messina, o que é certo é certo. O "Varig, Varig, Varig..." – que encerrava todos os jingles, às vezes cantado, às vezes só orquestrado – já existia quando ele chegou à empresa. Messina o tornou famoso, mas a criação, se ele não se

engana, foi do Titulares do Ritmo, um grupo de cegos formado em Belo Horizonte nos anos 40. (Mattos, 2006)

As músicas comerciais, ou propagandas comerciais musicadas, nasceram muito antes dos jingles, que só vieram a se institucionalizar com o advento do rádio. O primeiro registro histórico de uma propaganda comercial musicada data de 1882, quando foi elaborada uma música para divulgar um medicamento digestivo.

> Foi em fins do século passado [século XIX] que a propaganda comercial musicada começou a aparecer no Brasil. Assim, era editada, em 1882, para distribuição gratuita, a polca *Imberibina*, composta por Mariano de Freitas Brito, em louvor a um medicamento para a digestão. Também em louvor a um remédio é a polca *Lugolina*, editada em 1894, com letra e música de Eduardo França, médico, farmacêutico e fabricante do produto anunciado. (Simões, 1990, p. 172)

Grandes nomes também podiam ser encontrados entre os compositores de propagandas comerciais musicadas. O célebre maestro Villa-Lobos compôs uma música enaltecendo as qualidades do famoso Guaraná Espumante Antarctica (a Antarctica lançou seu guaraná em 1921).

Na Discoteca Oneyda Alvarenga, localizada no Centro Cultural São Paulo, podemos encontrar outras propagandas musicadas dessa época, assinadas por compositores de prestígio. Álvaro Souza compôs uma para o Mikanol, um remédio para tosse e bronquite. Otaviano Gaeto fez outra para o Licor das Crianças. Ao Café Paraventi, Marcelo Tupinambá dedicou seu talento, enquanto Eduardo Souto declarou sua preferência pela Cerveja Polar.

Mas, antes do rádio, como se veiculavam as propagandas comerciais musicadas?

As empresas forneciam partituras gratuitamente para serem tocadas e cantadas. Tem especial importância a produção musical dos cafés-cantantes, dos chopes-berrantes e dos teatros de revista – além do carnaval, é claro. Os cafés-cantantes, mais comportados, e os chopes-berrantes, mais escrachados, eram a versão nacional dos cabarés europeus. Para estimular o consumo de bebidas, esses estabelecimentos ofereciam espetáculos curtos, marcados pela pândega e pelas músicas de letra maliciosa, que caíram no gosto do público (o maxixe é um dos ritmos que provocaram escândalo na sociedade de então). Desse ambiente vieram muitas das primeiras estrelas da nossa indústria fonográfica, como Catulo da Paixão Cearense, Eduardo das Neves, Bahiano, Cadete, Geraldo e Mário Pinheiro.

> Alguns autores creditam às partituras e a um de seus reprodutores, o piano, as origens da "música de massa". Patrice Flichy aponta a importância deste instrumento musical nos lares de classe média, no final do século passado [século XIX], na sociedade europeia. O piano não estava destinado apenas à execução de músicas clássicas, e as edições de partituras indicavam uma grande variedade de canções populares, já segmentadas em vários estilos (religiosos, patrióticos, baladas sentimentais, canções cômicas) e com tiragens numerosas. Os editores teriam sido então os primeiros empresários fonográficos [...] (Dias, 2000, p. 33)

Os comerciais no rádio nasceram ao vivo, sendo narrados por locutores e artistas e contando, em sua maioria, com certo tom humorístico, mas nem sempre chamavam a atenção do "prezado ouvinte".

O primeiro comercial da história do rádio foi veiculado em uma emissora norte-americana em 28 de agosto de 1922, sendo simplesmente falado e apresentando uma duração escandalosamente longa para os padrões atuais: dez minutos.

> Recomendo a você, que valoriza sua saúde, suas esperanças e sua alegria doméstica, a se afastar das sólidas massas de tijolos, onde se vê a luz do sol através de uma pequena fresta e onde crianças crescem famintas por

correr por gramados ou avistar uma árvore [...]. Amigo, você e sua família merecem deixar a congestionada cidade e desfrutar o que a natureza reservou para você. Visite nossos novos apartamentos em Hawtorne Court, Jackson Heights, onde você vai aproveitar a vida em um ambiente amigável. (Vianna, 2004, p. 37)

Constatou-se, então, que todos cantavam as canções famosas executadas pelo rádio e, sem muito esforço, percebeu-se que a música era um grande veículo para divulgar as marcas. Se as pessoas cantarolavam as músicas do rádio, por que não cantariam as de propagandas comerciais?

Os jingles apareceram institucionalmente nos Estados Unidos em 1926, como forma de viabilizar financeiramente as rádios, que foram autorizadas a veicular comerciais para garantir seu sustento. O primeiro jingle oficial foi o do cereal matinal Wheaties, com o slogan "O café da manhã dos campeões" (Lima, 2007).

Até então, as rádios eram consideradas sociedades culturais sem fins lucrativos. Permitiu-se legalmente seu uso comercial em 1931, medida que passou a ser adotada em outras partes do mundo e, claro, também no Brasil.

> A introdução de mensagens comerciais transfigura imediatamente o rádio: o que era erudito, educativo, cultural passa a transformar-se em popular, voltado ao lazer e à diversão. O comércio e a indústria forçam os programadores a mudar de linha: para atingir o público, os reclames não podiam interromper concertos, mas passaram a pontilhar entre execuções de música popular, horários humorísticos e outras atrações que foram surgindo e passaram a dominar a programação. Com o advento da publicidade, as emissoras trataram de se organizar como empresas para disputar o mercado. A competição teve, originalmente, três facetas: desenvolvimento técnico, *status* da emissora e sua popularidade. A preocupação educativa foi sendo deixada de lado e, em seu lugar, começaram a se impor os interesses mercantis. (Ortriwano, 1985, p. 15)

Em nossa concepção, o jingle é uma peça publicitária baseada em um briefing que orienta o compositor na criação da letra e da melodia.

Segundo Pedro Nunes (*apud* Costa, Silva e Bianco, 2003, p. 4), "o jingle é uma gravação publicitária essencialmente musical, com mensagem cantada, cuja primeira etapa de produção parte do briefing".

Rafael Sampaio comenta assim o jingle (2003, p. 79):

> As pessoas ouvem e não esquecem. É aquilo que a sabedoria popular denomina de "chiclete de orelha". A vantagem dos jingles, em razão do formato, é que essas peças musicais contêm, além da mensagem, o clima, a emoção objetivada e um expressivo poder de "recall". O jingle é algo que fica, uma vez que as pessoas guardam o tema consigo, e muitos anos depois ainda é lembrado pelos consumidores. Devido ao poder de memorização que a música tem, o jingle é uma alternativa de comunicação muito poderosa. Sua única limitação é que, por ser música e ter que seguir uma métrica, às vezes não se consegue colocar na peça todas as informações desejadas pela campanha publicitária.

Um dos objetivos do jingle, portanto, é facilitar a memorização, o que os especialistas chamam de *recall*. A sua força está intimamente relacionada ao grau simultâneo de persuasão "decantatória" e figurativa. O compositor tem de unir fantasia e realidade em prol do poder de sedução, de persuasão, fazendo uma música que seja compacta, rápida e tenha, ainda, poesia e beleza.

> Depois de estudar o *briefing*, o jinglista cria letra e música, partindo para a gravação. Na produção, onde ocorre a transformação da letra para a música cantada, pode haver mais de um procedimento. De um lado, os estúdios que possuem diversos músicos e, de outro, estúdios que possuem tecnologia avançada, onde uma mesma pessoa cria, produz e finaliza o material, com o auxílio de um computador. No Brasil os jingles têm a

duração de 15 a 60 segundos, sendo que o de 30 segundos é o mais utilizado. (Couto e Panke, s.d.)

Lula Vieira, publicitário que se notabilizou pelo seu conhecimento do assunto, contando com um importante acervo de jingles e um programa no rádio e na TV sobre eles, em entrevista concedida no Rio de Janeiro, em 15 de março de 2008, afirmou que

> Jingle é uma ideia cantada, não é apenas uma musiquinha de que as pessoas se lembram ou uma letra fácil de repetir, não é uma ideia repetida até o cansaço, mas é uma boa ideia cantada, uma coisa que as pessoas acham importante e que, pela repetição e pela embalagem musical, e pela simplicidade da letra, se torna inesquecível. Mas, antes de mais nada, um bom jingle é uma boa ideia.

Já o maestro Reginaldo Bessa, um dos maiores jinglistas da atualidade, deu, em entrevista[1], a seguinte definição: "Antes de tudo o jingle é uma coisa que parece fácil, mas é muito difícil, tanto que são poucos os profissionais que conseguiram se estabelecer nesse ramo no Brasil". Como dissemos, o jingle mais comum é o de 30 segundos, ou seja, existe uma tradição dos 30 segundos, e conseguir transmitir uma mensagem nesse tempo que considere as várias facetas do produto (a sua colocação no mercado, o seu perfil, a classe que ele pretende atingir) não é coisa fácil. Ainda de acordo com o maestro Bessa, "fazer um jingle de 30 segundos, música e letra, que fique na cabeça do ouvinte é sempre um grande desafio".

Cid Pacheco, professor de comunicação política e marketing eleitoral da Universidade Federal do Rio de Janeiro (UFRJ), em entrevista[2], assim definiu o jingle:

---

[1] Entrevista concedida em 15 de março de 2008, no Rio de Janeiro.
[2] Idem.

> [...] primeiro de tudo, um jingle é um anúncio, e, sendo um anúncio ao qual se acrescenta música, o objetivo central dele é persuadir o público, ou seja, quanto ao jingle comercial, visa fechar a venda de um serviço ou produto. Os jingles nascem com a necessidade de massificação da propaganda, e através do veículo de massa rádio, na década de 1930.

Foi com o rádio que os jingles se institucionalizaram como ferramenta-padrão da publicidade. Isso se deve em muito aos programas de rádio, em que os textos publicitários eram cantados de improviso. Um programa em especial deu grande impulso à produção dos jingles no país, devido à qualidade técnica de seus redatores: o programa Casé, veiculado na Rádio Philips.

Assim, pode-se afirmar que o primeiro jingle do Brasil nasceu em 1932, graças a um acordo entre o apresentador de rádio Ademar Casé e o dono de uma padaria, o qual, a princípio, não queria um comercial radiofônico – alegava que nunca ouvira um comercial de padaria no rádio. Casé insistiu e acabou convencendo-o. Feito o trato, o radialista encomendou a Antônio Gabriel Nássara uma composição para promover o (depois famoso) pão Bragança, e assim nasceu o primeiro jingle do rádio brasileiro (Casé, 1995).

> [...] Casé estava decidido a dobrar o português e o convenceu com a seguinte proposta: "O preço é o seguinte: vou colocar o anúncio no ar. Se o senhor gostar, paga, senão, fica de graça". (Casé, 1995, p. 49)

Quando Nássara ouviu essa história (como parte do briefing passado por Casé), inspirou-se na nacionalidade do proprietário da padaria e compôs uma quadrinha em ritmo de fado.

> *Oh, padeiro desta rua*
> *tenha sempre na lembrança.*   (REFRÃO)
> *Não me traga outro pão*
> *que não seja o pão Bragança.*

*Pão inimigo da fome.
Fome inimiga do pão.
Enquanto os dois se matam,
a gente fica na mão.*

*De noite, quando me deito
e faço minha oração,
peço com todo respeito
que nunca me falte o pão.*
(Casé, 1995, p. 49-50)

O português, dono da padaria, ficou feliz da vida com a propaganda e fechou um contrato de um ano de publicidade com Casé.

Nos primórdios, os jingles feitos e cantados por gente famosa eram comuns. Lembramos que nesse período não existia gravação para uso radiofônico dos jingles, os quais eram interpretados ao vivo por cantores e cantoras ilustres (Carmen Miranda, Francisco Alves, Mário Reis e Sílvio Caldas, para citar apenas alguns).

Jararaca e Ratinho, famosa dupla sertaneja da época, contaram em entrevista concedida à Rádio Nacional que chegaram a cantar mais de cem vezes o mesmo jingle (*Maria, sai da lata* – óleo Maria) durante um dia de trabalho no estúdio.

Vários compositores já nessa fase conseguiam ganhar dinheiro dedicando-se à criação de jingles. Um dos mais famosos sambistas da época, Noel Rosa, fazia composições ou paródias de suas próprias músicas para alegrar os fabricantes e lojistas. É dele o jingle, então famoso, das Casas Dragão, localizadas na rua Larga, Rio de Janeiro:

*Você é mais conhecido
do que níquel de tostão,
mas não pode ficar
mais popular*

do que O Dragão.
(Vizeu, s.d.)

O mesmo Noel, valendo-se da melodia de sua composição *De babado*, fez uma adaptação para a propaganda de um cigarro ainda muito em voga:

É você a que comanda
e o meu coração conduz.
Salve a Dona Yolanda,
a Rainha Souza Cruz.
(Vizeu, s.d.)

O Decreto n⁰ 21.111, de 1⁰ de março de 1932, permitiu a veiculação de peças publicitárias nas rádios brasileiras; no mesmo ano, como já foi dito, o jingle surgiu oficialmente no Brasil. Na biografia de Sivan Castelo Neto encontramos mais uma evidência de que o nascimento do jingle brasileiro, com essa denominação, ocorreu na década de 1930.

> A biografia de Sivan Castelo Neto registra que ele viveu seus primeiros períodos de ouro em São Paulo. Participou de orquestras de vários cinemas, como Odeon, República e Royal. Em 1923, foi Diretor Artístico da Rádio Educadora. Depois, exerceu a mesma função na Rádio Bandeirantes: "Meu pai teve bons períodos de luminosidade em São Paulo, entre as décadas de 1920 e 1940", diz Berto Filho. "Antes de alcançar prestígio, foi corretor de anúncios de rádio. Os textos, ele mesmo redigia e depois os lia no ar, além de criar as trilhas sonoras. *Naquela época, não se usava ainda a palavra jingle* e a redação publicitária era feita intuitivamente, pois ainda não havia escolas preparando profissionais para esse segmento." ("Homenagem a Sivan Castelo Neto", 2007, grifo nosso)

Nos anos 1930, o aparelho de rádio popularizou-se, com a redução do preço dos transmissores e receptores. Ele começou, então, a fazer parte da vida de todo brasileiro, como uma imprescindível peça de roupa. Diante da popularidade do meio, nasceu a concorrência entre as emissoras, ampliando assim a evolução tecnológica.

É de 1935 a primeira gravação brasileira de jingle em acetato. A peça, de Gilberto Martins, foi composta em São Paulo para a marca Colgate-Palmolive. Em pouco tempo, as pessoas passaram a incorporar trechos das mensagens a seu vocabulário e cantarolar ou assoviar as melodias dos jingles pelas ruas ou no trabalho.

A década de 1940 consagra o jingle como arma de persuasão da área de propaganda e publicidade. Foi a sua fase de ouro, em que grandes jinglistas se destacaram: André Filho, Evaldo Rui, Geraldo Mendonça, Gilberto Martins, Haroldo Barbosa, Heitor Carillo, Hervê Cordovil, Ivo Picinini, José Mauro, José Scatena, Lourival Marques, Miguel Gustavo, Sivan, Vitor Dagô. Data desse período uma seleção de jingles memoráveis, como:

> *Melhoral, Melhoral,*
> *é melhor*
> *e não faz mal.*

> *Magnésia leitosa,*
> *gostosa, fiel,*
> *magnésia leitosa*
> *de Orlando Rangel.*

> *Perfuma o hálito,*
> *Colgate, Colgate,*
> *enquanto limpa os dentes,*
> *Colgate.*

> *Clima quente,*
> *rim doente,*
> *tome Urodonal*

e viva contente.
(Vizeu, s.d.)

Paulo Tapajós nos presenteia com uma joia em formato de jingle (Aguiar, 2007, p. 135):

*Phymatosan,
quando você dormir.
Phymatosan,
se a tosse resistir.
Renova seu apetite,
afastando a bronquite.
Phymatosan,
melhor não tem,
é o amigo que lhe convém.
Phymatosan.*
(Vizeu, s.d.)

Em 1945, logo após o término da Segunda Guerra Mundial, o rádio viveu seu melhor momento. No Brasil, com a extinção do Departamento de Imprensa e Propaganda (DIP), em maio de 1945, e com a queda de Vargas, em outubro do mesmo ano, chegaram ao fim as restrições impostas ao rádio. Os profissionais do sistema radiofônico brasileiro retomaram o desenvolvimento natural do veículo (sem as amarras impostas pelo Estado Novo, que interferia constantemente na programação), adaptando-o às novas formas de concorrência exigidas por um mercado em expansão (Moreira, 1998, p. 34). Obviamente, os jingles acompanharam essa evolução, e "pérolas musicais" surgiram. Um dos mais lembrados jingles dessa época é o que divulgava as Pílulas do Dr. Ross:

*Pílulas de vida do Dr. Ross
fazem bem ao fígado de todos nós.*
(Vizeu, s.d.)

Outro jingle memorável dessa fase é o que promovia o Detefon, composto por Gilberto Martins:

*Na sua casa tem mosquito,
não vou lá.
Na sua casa tem barata,
não vou lá.
Na sua casa tem pulga,
não vou lá.
Peço licença pra mandar
Detefon em meu lugar.*
(Vizeu, s.d.)

Os já citados Jararaca e Ratinho, dupla sertaneja famosa por suas provocações políticas, aproveitaram-se do sucesso desses dois jingles parodiando-os:

Paródia do jingle Pílulas do Dr. Ross

*Plínio Salgado, quando abre a voz,
faz mal ao fígado de todos nós.*
(Discoteca nossa)

Paródia do jingle Detefon

*Na sua casa tem integralista,
não vou lá.
Na sua casa tem comunista,
não vou lá.
Peço licença pra mandar
Filinto Müller em meu lugar.*
(Acervo nosso)

A década de 1950 se iniciou com ambiente propício para os jingles. A televisão ainda não era uma adversária à altura do rádio. Como ocorreu com o rádio em seus primórdios, a televisão ainda era um veículo elitista. Os receptores muito caros afastavam o grande público (o valor de compra de um receptor de TV era três vezes maior que o preço da mais sofisticada radiola e um pouco menor que o custo para adquirir um carro). A transição que levou ouvintes a se tornar telespectadores foi lenta e gradual.

Assim, o rádio, no começo da década de 1950, ainda era o veículo preferido. É válido registrar que o Brasil, em 1955, possuía nada menos que 477 emissoras e meio milhão de receptores de rádio, contra apenas 11 mil aparelhos de TV.

Com o tempo, a situação do rádio mudou, já que os preços dos televisores foram se tornando mais acessíveis e, consequentemente, a TV começou a cair no gosto da população.

> O rádio, todavia, procurava resistir e, mercê dessa resistência, ainda surgiam campanhas que o mantinham como veículo básico, com alto nível de qualidade e que cativavam consumidores. Como aquela em que um locutor romântico fazia as mulheres sonharem: "Mais encanto para você, com Cashemere Bouquet". A "McCann" colocava no ar o "sorriso kolynosista", enquanto a "Inter-Americana" alertava as donas de casa: "Não faça assim, dona Judite. Use Super Flit". Outro creme dental ensinava: "Remova o amarelo dos seus dentes com creme dental Eucalol". (Vizeu, s.d.)

Como o rádio, maior divulgador dos jingles até então, entrou em decadência, ou "saiu da sala para a cozinha da casa", segundo vários autores, os jingles passaram a ser veiculados na TV, dando origem aos primeiros videoclipes (comerciais), em que imagens são agregadas às músicas. E assim os jingles persistem.

Vários jingles que nasceram no rádio começaram, então, a povoar a TV. Cobertores Parahyba ("Tá na hora de dormir/Não espere mamãe mandar") é um deles, tendo sido na versão televisiva agregado a um desenho animado. O comercial dos Cobertores Parahyba foi um dos primeiros a usar esse recurso, logo adotado por outras marcas, como as Casas Pernambucanas ("Não adianta bater/Eu não deixo você entrar"). Por outro lado, acreditamos que a década de 1950, talvez pelo desafio de não perder a batalha para a TV, tenha sido uma das épocas mais promissoras para o jingle no rádio.

> Simultaneamente, os publicitários se empenhavam em ampliar o negócio da propaganda, que chegou às portas dos anos 50 como atividade em expansão e gozando de maior credibilidade junto ao público. O rádio ganhava atrativos como novelas e os programas de auditório e jornalísticos, patrocinados por grandes anunciantes, como o *Repórter Esso*, e os jingles se multiplicavam, quando então atingiram um período de vigorosa produção. (Carrascoza, 1999, p. 91)

A seguir, reproduziremos alguns dos mais conhecidos jingles do rádio que se destacaram no início da década de 1950.

Coca-Cola – 1950
Criação: P. Tapajós, R. Gnatalli
Produção: Rádio Nacional

Natal, hora tão feliz... A família em reunião cordial... Coca-Cola presente lhes diz... Feliz ano-novo... Feliz Natal... Feliz Natal e próspero ano-novo... É o que deseja a todos a deliciosa e refrescante Coca-Cola... A bebida da família e da cordialidade... Feliz Natal... Feliz ano-novo... São os votos de Coca-Cola.

Cobertores Parahyba – 1950

Tá na hora de dormir
Não espere mamãe mandar

Um bom sono pra você
E um alegre despertar

Grapette – 1952

Quem bebe Grapette
Repete Grapette
Grapette é gostoso demais

Aurisedina – 1950

Se a criança acordou
Dorme, dorme menina
Tudo calmo ficou
Mamãe tem Aurisedina
(Vizeu, s.d.)

Surge nesse período (1955) um novo slogan para as campanhas publicitárias da Coca-Cola – "Isso faz um bem" –, que seria veiculado durante dez anos. Explorando-o, Sivan compôs o seguinte jingle:

Coca-Cola, Coca-Cola,
oi, me faz um bem.
Coca-Cola, Coca-Cola,
oi, pra mim também.
Que pureza, que sabor,
Coca-Cola tem.
Nós queremos Coca-Cola,
Coca-Cola faz um bem.
(Vizeu, s.d.)

Edson Borges, mais conhecido como "Passarinho", compôs (1953-1956), na RGE, uma série de jingles e spots notáveis para

Gessy, Minerva, Café Caboclo ("Eta cafezinho bom!"), Açúcar União, GE, Willys, Serva Ribeiro, que podem ser encontrados na Discoteca Oneyda Alvarenga, do Centro Cultural São Paulo. Também compôs este jingle imortal para as Lojas Garbo:

> *Você precisa de uma roupa nova,*
> *Lojas Garbo têm.*
> *A roupa que você prefere*
> *Lojas Garbo têm.*
> *Para homens, rapazes, meninos,*
> *os mais completos figurinos.*
> *Você precisa de uma roupa nova,*
> *Lojas Garbo têm.*
> *A roupa que lhe fica bem.*
> *Muito bem.*
>
> (Acervo nosso)

Segundo Lula Vieira, em entrevista concedida a este autor, as informações necessárias para fazer um bom jingle são as mesmas que a criação de uma boa propaganda requer: o tipo de público, as características do produto, o ambiente de compra, a emoção de compra. Aliás, a expressão "emoção de compra" é muito importante porque as pessoas, mesmo identificando o produto, esperam algo mais em termos da sua performance. Então, saber o que passa pela cabeça de um consumidor no momento da escolha do produto, na hora em que distingue aquele produto específico dos outros, é o que faz a diferença, é o elemento mais importante para o compositor de jingles. Com base nesse conhecimento, é possível determinar qual é o melhor ritmo, a ambientação instrumental mais adequada, o melhor tipo de voz, características que aproximam o jingle do seu público.

Já o maestro Reginaldo Lessa, também em entrevista, relatou que é a agência quem passa as informações necessárias para fazer um jingle: o departamento responsável transmite os dados para o pessoal da criação que, em seguida, marca uma reunião com o jinglista, para passar-lhe as informações acerca da mercadoria, do serviço, da instituição ou do evento que vai ser o mote do jingle. Naturalmente, é imperativo dizer o nome do produto, as suas características, a classe social à qual ele será oferecido e, em alguns casos, o estilo musical desejado – a determinação do estilo musical normalmente fica a cargo do jinglista, mas às vezes a agência o impõe: "Quero um samba", "Quero uma marcha", "Quero uma coisa alegre", "Uma coisa romântica" etc.

Para o professor Cid Pacheco,

> É importante sempre lembrar-se da harmonia que deve existir em um jingle entre a frase musical e a frase falada; tem que haver um casamento perfeito nesse particular. Segunda coisa importante em um jingle é a facilidade de memorização do jingle. Atualmente temos ainda um problema a ser resolvido na hora de fazer um bom jingle. O jingle nasce no rádio, na década de 1930, e hoje ele já foi para a TV, então nós temos um fator a mais de complexidade na feitura do jingle: o jingle moderno vai para a TV necessariamente e prioritariamente, então, a todas as dificuldades de casar texto publicitário persuasivo e música, também ela publicitária e persuasiva, nós acrescentamos agora a imagem, que deve também ser persuasiva.[3]

Vários autores criaram classificações para os jingles e técnicas publicitárias, dividindo-os conforme sua temática, concepção ou marcas discursivas.

Graziela Valadares Gomes de Mello Vianna, em seu livro *Jingles e spots: a moda nas ondas do rádio* (2004, p. 120), agrupa os jingles e spots de acordo com as marcas discursivas:

a   Satisfação familiar e individual.
b   Juventude.

---

[3] As entrevistas com Lula Vieira, Reginaldo Lessa e Cid Pacheco foram concedidas ao autor no dia 15 de março de 2008, na cidade do Rio de Janeiro.

c Liberdade.
d Internacional *versus* nacional *versus* global.

Em relação às técnicas publicitárias, Roberto Menna Barreto (1982, p. 217) baseia-se no tema para caracterizá-las:

1. Defenda uma tese, imponha um raciocínio.
2. Humanização.
3. Particularize.
4. Explique seu produto.
5. Explique seu antiproduto.
6. Faça o cara viver o drama.
7. Desdobre o uso do produto.
8. Informação.
9. Sexo.
10. Testemunhal.
11. Desperte a curiosidade.
12. Termos quentes.
13. Cole uma frase no produto.
14. Humor.
15. Trocadilhos.
16. *Story-appeal*.
17. Prestação de serviços.

Já Jorge S. Martins (1997, p. 154) divide as técnicas publicitárias de acordo com os recursos motivadores nos anúncios:

1. Anúncio do onirismo.
2. Anúncio de positividade.
3. Anúncio de novidade.
4. Anúncio de sedução.
5. Anúncio de hedonismo.
6. Anúncio de narcisismo.

João Anzanello Carrascoza (1999, p. 41) classifica os anúncios segundo os "esquemas básicos usados na propaganda":

1. Os estereótipos.
2. Substituição de nomes.
3. Criação de inimigos.
4. Apelo à autoridade.
5. Afirmação e repetição.

Após todas essas classificações das técnicas publicitárias observadas nos jingles, há mais um elemento que deve ser levado em consideração: a música.

A música é usada para nos convencer desde que nascemos. Como as mães do mundo inteiro, em todas as línguas, convencem seus filhos a dormir? A música nos acompanha em todas as fases de nossa vida: nas canções de ninar, quando bebês; nas cantigas de roda, quando crianças; nos hinos e canções ufanistas, quando estudantes primários; nas canções de protesto, quando jovens; nas músicas românticas, quando começam os namoros; nas músicas dançantes das festas; e nas músicas saudosas dos bons tempos, quando na terceira idade.

Portanto, a música é um dos mais eficientes caminhos publicitários: ela ajuda na memorização e marca as peças publicitárias tão fortemente que, na maioria das vezes, quando se ouvem jingles de sucesso, sua melodia remete quase instantaneamente à época da veiculação.

> Provavelmente, a música é um dos caminhos publicitários mais completos, participativos e eficazes que existem. Embora maltratada por um grande número de clientes que se limitam a encomendar um jingle a um compositor e indicar-lhe apenas a duração que deva ter, a música serve para comunicar coisas que não se podem transmitir de outra forma: um estilo, uma classe, a procedência de um produto, um estado de ânimo. Por isso, não serve qualquer música para cada produto e circunstância. A

escolha do tipo de música exige tanto tempo como a escolha do tipo de imagem que se quer dar ao produto. A música contribui para reforçar o elemento de recordação indelével da mensagem, e por isso ajuda a manter vivas as campanhas durante mais tempo. A música permite a repetição de uma frase, de um nome ou de uma marca, muitas vezes mais do que se poderia repetir de forma falada, sem irritar o espectador.

Com a música é possível segmentar determinado público dentro de uma grande audiência sem necessidade de explicitá-lo em imagens ou nas palavras, de modo que o resto dos ouvintes não se sinta automaticamente excluído. Por outro lado, a música converteu-se no idioma internacional dos jovens e talvez no único caminho para preencher sua atenção, em meio à ingente massa de anúncios emitidos pelas cadeias de rádio e televisão.

As músicas bem empregadas podem converter-se em verdadeiras supervendas para os produtos. A célebre produtora da televisão americana Tina Raver disse: "Uma imagem vale mais do que mil palavras. Acrescente-lhe música e valerá mais do que um milhão". ("Como fazer uma campanha publicitária", s.d.)

Concluímos, então, que jingles comerciais são peças publicitárias que nasceram para salientar as qualidades de um produto. É sua função destacar características, composição, nome e resultados após o uso do produto (utilidade, aval, fabricante e diferença em relação aos concorrentes), levando ao conhecimento do consumidor os benefícios advindos da sua existência no mercado (e persuadindo-o a adquiri-lo). Para isso, utilizam letras de fácil assimilação, rimas e melodias marcantes, que caracterizam o famoso "chiclete de ouvido".

Corroborando nossa conclusão, temos a definição do *Dicionário de comunicação*, de Carlos Alberto Rabaça e Gustavo Guimarães Barbosa (2001, p. 402):

Jingle: Mensagem publicitária em forma de música, geralmente simples e cativante, fácil de cantarolar e de recordar. Pequena canção especialmente composta e criada para a propaganda de determinada marca, produto, serviço etc. Sua duração média varia entre 15 e 30 segundos. É normalmente gravado em CD ou fita magnética (para transmissão em rádio) ou inserido na trilha sonora de filmetes para televisão e cinema, acompanhado de texto (locução) e imagem. O uso, em publicidade, da palavra inglesa que significa "tinido" provém da canção de natal norte-americana *Jingle Bells*.

Explicados os jingles, vamos aos jingles eleitorais, objeto deste livro.

3
OS JINGLES ELEITORAIS NO BRASIL

Para que possamos entender a história do jingle eleitoral no Brasil e sua trajetória até os dias de hoje, além da diferença entre músicas políticas, sátiras, músicas de protesto, paródias, galhofas e jingles eleitorais, teremos de tomar por base a história da música política no nosso país, a história da indústria fonográfica e a história do rádio.

A música com conotação política no Brasil nasce durante o Império, retratando o ambiente e servindo como meio de protesto, na maioria das vezes com muito bom humor, contra o sistema ou a situação política do momento.

A obra *As laranjas da Sabina*, composta por Aluísio Azevedo, é um exemplo típico de música de protesto contra a monarquia. A inspiração para que a música fosse composta decorreu da ação de um subdelegado de polícia que proibiu a "Nega" Sabina, mulher que há muito tempo vendia suas laranjas na entrada da faculdade de medicina, de continuar com seu comércio informal. Os estudantes da faculdade, fregueses eméritos de Sabina e sabidamente republicanos, não se conformaram, pois sabiam que a proibição tinha o real motivo de impedir seus encontros políticos, que ocorriam exatamente no local de venda das laranjas. Os relatos da reação dos estudantes diferem em alguns aspectos, mas convergem para um ponto comum:

> [...] os acadêmicos de todos os anos da escola reuniram-se em frente ao edifício da Faculdade, às 10 h, e, munidos todos de laranjas, fincadas nas

pontas das bengalas e dos guarda-sóis, saíram da academia, dois a dois, precedidos do *homem dos sete instrumentos*, e da mulher que o acompanha, formando o préstito mais original que temos visto.

Rompia a marcha uma espécie de estandarte, tendo à lança uma coroa feita com bananas, chuchus e outros legumes, pendendo da bandeira duas largas fitas, nas quais foram gravadas as seguintes inscrições, em uma: *Ao subdelegado do 1º distrito da freguesia de S. José oferece a Escola de Medicina*; e em outra: *Ao eliminador das laranjas*.

Saindo do largo da Misericórdia, tomaram os rapazes a rua deste nome, passando pela 1º de Março, por entre alas de povo, que os saudava, enquanto, das janelas, as senhoras, rindo-se, acenavam, com os lenços, cumprimentando-os.

Na rua do Ouvidor, onde foram saudadas todas as redações dos jornais que aí têm os seus escritórios, o préstito alongava-se, desde a rua 1º de Março, até a da Uruguaiana, formando uma enorme serpente, coleando por entre a multidão, dando as laranjas um aspecto imensamente alegre a tudo aquilo.

Caminhando sempre por entre um cortejo de vivas e de palmas, ao chegarem em frente ao edifício ocupado pela redação, escritório e oficinas desta folha, a mocidade ergueu estrepitosos vivas a Rui Barbosa e a todos os seus companheiros de trabalho, dirigindo-se em seguida até a *Gazeta da Tarde*, e daí ao edifício da Escola Politécnica, onde foi recebida com todas as honras, pelos colegas dessa academia.

Incorporados os alunos da Politécnica aos seus companheiros, fizeram logo larga colheita de laranjas, compradas no primeiro tabuleiro que encontravam, tomando então o préstito, mais aumentado, pela travessa de S. Francisco, ruas Sete de Setembro e Gonçalves Dias, onde cumprimentaram os estudantes as redações dos jornais: *Novidades*, *Dia* e *Revista Illustrada*.

Dessa última rua seguiram outra vez pelas do Ouvidor, 1º de Março, Misericórdia até a Escola de Medicina.

A autoridade manifestada, logo que soube da ruidosa surpresa que lhe preparavam, longe de receber, em sua casa, à rua da Misericórdia, os autores de tão imponente ideia, evadiu-se, modestamente (o que não achamos louvável, mas sim de pouco espírito), a tão justa homenagem feita a quem se declara tão sério inimigo de uma das melhores frutas que possuímos.

À vista desse procedimento, como quem depõe armas, após longa batalha pelejada, os acadêmicos penduraram, na porta principal do prédio ocupado pela autoridade, a *coroa cívica* que lhe fora destinada, deixando no corredor da entrada do edifício, como despojo da passeata, todas as laranjas [...].

De volta à Escola de Medicina, reuniram-se os acadêmicos em sessão solene, sendo nessa ocasião cumprimentados os alunos da Politécnica com um discurso entrecortado pelas palmas de todos os ouvintes. (*Diário de Notícias*, 26 jul. 1889, *apud* Gomes e Seigel, 2002, p. 22)

A letra da música composta após o episódio é marcada pela irreverência e pela sátira, denotando claramente o protesto à atitude do "senhor subdelegado":

Autores: Arthur e Aluísio Azevedo
Intérprete: Maricenne Costa
Gênero: Tango brasileiro
Gravadora: CPC-Umes, 1999
Título do CD: Como tem passado, coletânea de vários autores
Acervo: Carlos Manhanelli
Mídia: CD

Sou a Sabina
Sou encontrada
Todos os dias
Lá na carçada
Lá na carçada da academia
Da academia de medicina
Os rapazes arranjaram
Uma grande passeata
Deste modo provaram
Quanto gostam da mulata, ai

> *Sem banana macaco se arranja*
> *E bem passa monarca sem canja*
> *Mas estudante de medicina*
> *Nunca pode passar sem as laranjas*
> *As laranjas, as laranjas da Sabina*
> *O senhor subdelegado*
> *Homem muito restingueiro*
> *Amandou pôr dois sordados*
> *Retirá meu tabuleiro, ai*
> *Sem banana macaco se arranja*
> (Acervo nosso)

Diversas músicas da época do Império falavam de acontecimentos ou situações políticas, em geral satirizando ou menosprezando os políticos.

Com o fim do Império, nasce a indústria fonográfica no Brasil. As primeiras gravações são de músicas compostas no período histórico anterior, como relata Franklin Martins (s.d.):

> Já na primeira fornada de gravações, em 1902, aparecem músicas sobre temas políticos, como *Laranjas da Sabina*, *Saldanha da Gama* e *Camaleão*, compostas anos ou décadas antes. Todas elas estão voltadas para trás: abordam costumes parlamentares dos tempos do Império e resgatam episódios ocorridos na turbulenta transição entre o fim da monarquia e a consolidação da República. Outras composições, como *Capanga Eleitoral* ou *Cabala Eleitoral*, lançadas pouco depois, ainda estariam marcadas pela mesma necessidade de ajustar contas com o passado.

A primeira gravação oficial no Brasil (em cilindro) reproduz a voz do Visconde de Cavalcanti. Essa gravação foi levada à princesa imperial; ela, então, pediu que também se gravasse sua voz (agora em disco de cera) e fosse ela reproduzida para que todos a ouvissem. O Conde d'Eu, na ocasião, declarou: "Achou a invenção muito boa, mas tinha certeza que o público não adotaria, pois acreditariam que fosse arte do diabo ou almas do outro mundo" (Gomes e Seigel, 2002, p. 22).

Nasce a primeira empresa de gravações no Brasil, fundada por Fred Figner em 1889. Em 1902, a Casa Edison, fundada por Figner em 1900, se moderniza, abandonando a gravação em cilindros e começando a comercializar os discos de gravação lateral (feita de um lado apenas), inventados por Émile Berliner em 1887. O primeiro disco gravado no Brasil, pela própria Casa Edison, trazia o lundu *Isto é bom*, de Xisto Bahia, interpretado por Bahiano ("Cronologia", s.d.).

Já que falamos da indústria fonográfica, temos de mencionar os primeiros jingles gravados para uso nas rádios, que consideramos também os primeiros jingles feitos para campanhas eleitorais no Brasil, como, por exemplo, *Não se meta com seu Júlio*, de Heckel Tavares, que foi gravado em disco na voz de Luiz Peixoto em 1929 (Xavier, s.d.).

Como destacamos, não se pode falar de jingles isoladamente da história do rádio. Desde o seu nascimento, no mundo inteiro, o rádio tem caminhado ao lado da política.

Na Alemanha, durante a Revolução de 1918-1919, o rádio, cinco anos antes de sua regulamentação oficial, já era ouvido. Nos Estados Unidos, a partir de 1932, o rádio se tornaria a principal forma de comunicação entre o recém-eleito presidente Franklin Roosevelt e o povo norte-americano, por meio das transmissões do programa *Fireside chats* ("Conversas ao lado da lareira"). Voltando à Alemanha, no início dos anos 1930, Joseph Goebbels usa o rádio como meio ideal de propagação ideológica. Naquela época, 70% das famílias alemãs possuíam rádio em casa. O veículo ganhou tamanha força à época que Hitler patrocinou a fabricação de um receptor – o Volksempfänger VE 301 –, o "rádio do povo", que ostentava o símbolo do III Reich (a águia) sob o dial e cujo número indicador do modelo era uma referência à data em que Hitler se tornara chanceler: 30 de janeiro de 1933. Durante a Segunda Guerra Mundial, o rádio foi uma das maiores formas de resistência, com as históricas transmissões da BBC de Londres.

Nos anos 1940 e 1950, na Argentina, Juan Domingo Perón fez do rádio instrumento de propaganda política. Eva Perón, oriunda do rádio (desde a década de 1940 fazia programas românticos radiofônicos), juntou-se a Perón e lançou, em 1944, o programa oficial de propaganda radiofônica: *Por um futuro melhor*, exaltando a Revolução de 1943.

Na década de 1950, o rádio foi instrumento de resistência política em Cuba, sendo usado pela guerrilha comandada por Fidel Castro. A Rádio Rebelde, instalada em Sierra Maestra e organizada por Che Guevara, iniciou suas transmissões em 24 de fevereiro de 1958.

A primeira transmissão de rádio no Brasil foi realizada no dia 7 de setembro de 1922. Nessa data, o então presidente Epitácio Pessoa usou a estação instalada no alto do Corcovado, no Rio de Janeiro, pela Westinghouse Electric International, para transmitir um discurso em comemoração ao centenário da Independência, assustando os participantes da Exposição Internacional do Rio de Janeiro, onde havia 80 receptores, trazidos dos Estados Unidos especialmente para o evento.

Durante toda a década de 1920, as emissoras funcionaram sem regras específicas. As rádios se instalavam e recebiam do Departamento de Correios e Telégrafos o mesmo tipo de licença concedida às estações de telégrafo.

Apenas na década de 1930, durante o governo Vargas, as emissoras começaram a ter regras oficiais próprias. Vargas foi o primeiro a perceber a utilidade do rádio para um país com as dimensões do Brasil, e o utilizou intensamente.

Os presidentes que o substituíram pelo voto direto também fizeram uso intenso do rádio para levar sua palavra à população, assim como o regime militar.

Com o fim da ditadura militar, na década de 1980, os presidentes subsequentes continuaram utilizando o rádio para suas conversas informais com a população. José Sarney, em 1985, com o seu *Conversa ao pé do rádio*, inaugurou a nova fase. Fernando Henrique Cardoso colocou no ar *A palavra do presidente*, e Lula, o programa *Café com o presidente*, que, após a posse de Dilma, passou a se chamar *Café com a presidenta*.

Merece destaque o fato de que, nos anos 1960, o regime militar introduziu a obrigatoriedade do horário eleitoral gratuito no rádio e na TV, que tem validade até hoje. Há décadas, a cada ano eleitoral repete-se a utilização do rádio no Brasil para arrebanhar eleitores.

Passemos então à análise da música de teor político na República Velha. As músicas políticas encontradas nesse período são todas, sem exceção, sátiras, paródias ou músicas de protesto. Entre as composições feitas antes de 1929, não encontramos nenhuma música que apresentasse as mínimas características para que pudesse ser classificada como jingle eleitoral. Aliás, essa é uma das discussões centrais deste livro.

Encontramos, em vários dos textos pesquisados, canções de protesto, sátiras, paródias, músicas e hinos ufanistas classificados erroneamente como jingles:

> Podemos definir um jingle político como sendo qualquer canção com um propósito político e publicitário. Esse objetivo pode ser tanto conseguir apoio e votos para um político (partido, frente ou causa) *quanto criticar e diminuir apoio e votos a outro político (partido, frente ou causa) adversário*. (Lourenço, 2007, grifo nosso)

É evidente que músicas feitas para "criticar e diminuir apoio" não são jingles, e sim sátiras, paródias, galhofas ou músicas de protesto. Outro exemplo:

> Contudo, a história do *Jingle* Político inicia-se anteriormente, na campanha de 1914 do então presidente da República, Marechal Hermes da Fonseca – conhecido popularmente como "seu Dudu":

[...] "Ao contrário de promover políticos, como acontece hoje, o objetivo da maioria dos jingles daquela época era destruir reputações". (De Poli, 2007, p. 3)

Se o intuito do jingle é enaltecer um produto ou um candidato, e se é composto exclusivamente para isso, não podemos considerar músicas de protesto ou sátiras contra esse ou aquele político como jingles.

Mais um exemplo que podemos fornecer sobre o "engano": "O jingle político só chegaria aos ouvidos das multidões, no entanto, depois do surgimento do rádio no Brasil, em 1922, com o presidente Washington Luiz ('Ele é paulista?/É sim senhor/Falsificado?/É sim senhor')" (Morais, 2002).

Outro equívoco diz respeito à data de origem dos jingles eleitorais. No estudo *O jingle político brasileiro: da pré-história do rádio ao desenvolvimento das campanhas eleitorais radiofônicas (1910-1960)*, de Cristina Lemos (2004), apresentam-se jingles eleitorais de 1910. No entanto, os jingles eleitorais, de fato, só surgiram no Brasil em 1929 (Martins, s.d.), com a oficialização do jingle como peça publicitária para uso no rádio ocorrendo em 1931. Mesmo nos Estados Unidos, os jingles só foram oficializados com essa denominação no ano de 1926, quando sua veiculação no rádio foi autorizada, com o intuito de propaganda.

Como já vimos, segundo Pedro Nunes (*apud* Costa, Silva e Bianco, 2003, p. 4), "o jingle é uma gravação publicitária essencialmente musical, com mensagem cantada", cuja primeira etapa de produção parte do briefing.

Lula Vieira, em entrevista, disse que o jingle eleitoral não é tão diferente do jingle comercial, já que aquele, apesar de trazer outro tipo de emoção, tem, em princípio, os mesmos atributos deste. Evidentemente, o jingle eleitoral tem mais tempo, as ideias que passa têm características diferentes, pois ele não se presta simplesmente a vender alguma coisa; ele é mais palpável e sua performance pode ser percebida com mais facilidade, mas a base é a mesma. O elemento que determina o sucesso tanto de jinglistas de produtos de consumo como dos de campanhas eleitorais é o mesmo: entender do ofício e da alma humana. Já o maestro Reginaldo Bessa, durante entrevista[4], disse que

> o jingle eleitoral é bem diferente do jingle comercial: o tempo é maior e você enfrenta uma concorrência muito grande, são muitos candidatos, principalmente nas campanhas proporcionais, e quando se trata de campanhas majoritárias aí a coisa é mais complicada, pois é preciso ter várias versões do jingle, sempre se faz mais de um jingle para a campanha, então eu acho que o jingle eleitoral é um pouco mais complicado.

Retornando à entrevista com Lula Vieira, para ele, o bom jingle eleitoral deve apresentar

> uma identificação perfeita daquele candidato e do clima daquela eleição. Se pegarmos os grandes jingles que ficaram na memória das pessoas até hoje, perceberemos que eles definem exatamente aquilo que fez as pessoas votarem naquele candidato. Eles puxaram da alma de cada eleitor, ou pelo menos do inconsciente coletivo, o fio que mobilizou as pessoas na direção daquele candidato. A beleza das músicas e excelentes letras não tiveram a menor importância para candidatos que tiveram 1% ou 2% dos votos, e daí se pergunta: a culpa foi do jingle? Claro que a culpa não foi do jingle, foi do candidato, mas quando o jingle é apenas bonito, sem falar ao coração do eleitor, não fala aquilo que o coração quer ouvir naquele momento, e sobre aquele candidato; não basta você inventar um jingle que sirva para qualquer um, tem de ser único.

Reginaldo Bessa (em entrevista), por sua vez, vê como necessários os seguintes aspectos:

---

[4] As entrevistas mencionadas, com Lula Vieira e Reginaldo Bessa, foram concedidas ao autor na cidade do Rio de Janeiro no dia 15 de março de 2008.

O jingle eleitoral tem de ter um pique emocional, porque você lida com várias classes sociais, você não tem uma segmentação social definida, então tem de aplicar a emoção e passar a personalidade do candidato, não adianta fazer diferente, tem de fazer realmente dentro daquilo que ele é, senão vai chocar com as outras informações. Por exemplo, se você colocar uma música muito para cima para um candidato austero, não vai caber no perfil do candidato. Então é preciso seguir a personalidade do candidato e fazer uma coisa adequada.

Vamos analisar a música citada anteriormente, que se refere ao "seu Dudu" (Hermes da Fonseca); a peça em questão é *Ai, Philomena*. De acordo com Franklin Martins (s.d.),

> Trata-se de uma adaptação da popularíssima polca *Uma canção italiana*, parodiada a torto e a direito no Brasil – a mais famosa talvez tenha sido a cantiga de roda *Viva Garibaldi*. No caso de *Ai, Philomena*, composta para a peça de teatro-revista do mesmo nome, brinca-se com o marechal Hermes da Fonseca, presidente da República de 1910 a 1914, que acabara de deixar o governo.
> Alguns esclarecimentos: 1) Dudu era o apelido do marechal, dono de reluzente careca; 2) Hermes da Fonseca era tido como um grande pé-frio. Mal assumiu o governo, estourou a Revolta da Chibata [...]; sua primeira mulher, Orsina, morreu no início do mandato; e, enquanto era presidente, o Brasil perdeu a soma de 2,4 milhões de libras depositada num banco russo, que quebrou; 3) a segunda mulher do marechal, Nair de Teffé, que fazia caricaturas sob o pseudônimo de Rian, era muito avançada para a época. Por isso, vivia na mira dos conservadores (durante um sarau, ao tocar ao violão o maxixe *Corta-jaca*, tido como lascivo pelos caretas da época, escandalizou a elite carioca); 4) o marechal foi o primeiro presidente a viver no Palácio Guanabara, embora mantivesse o Catete para os despachos políticos e administrativos. Daí a referência à casa que ganhou com os "cobres do Tesouro"; 5) não está claro quem seria o "Rainha", que no Senado só dizia "muito bem" ao presidente, mas provavel-

mente trata-se do senador gaúcho Pinheiro Machado, homem forte da República na época e eminência parda do governo Hermes da Fonseca.

Autores: José Praxedes e Marinho
Intérprete: Bahiano
Gênero: Valsa
Gravadora: Casa Edison – selo 195 – RJ
Mídia: CD – mp3

A minha sogra
Morreu em Caxambu
Com a tal urucubaca
Que lhe deu o seu Dudu

Ai, Philomena
Se eu fosse como tu
Tirava a urucubaca
Da careca [cabeça] do Dudu

Dudu quando casou
Quase que levou a breca
Por causa da urucubaca
Que ele tinha na careca

Na careca do Dudu
Já trepou uma macaca
E por isso, coitadinho
É que tem urucubaca

Dudu tem uma casa
E com chave de ouro
Quem lhe deu foi o Conde
Com os cobres do Tesouro

Se o Dudu sai a cavalo
O cavalo logo empaca
Só começa a andar
Ao ouvir o Corta-jaca

Dudu tem uma casa
Que nada lhe custou
Porque nesse "presente"
Foi o povo que "marchou"

Mas o Rainha
Cavou o seu também
Dizendo no Senado
Tão somente "muito bem"

Eu me arrependo
De ter ido ao Caju
E não ter vaiado
A saída do Dudu

Fala: Vocês estão falando, ele nem faz caso.
Está comendo do bom e do melhor, hein?!
(Alencar, 1978)

Basta consultarmos a definição de sátira e paródia para que identifiquemos as características encontradas em *Ai, Philomena*. Conceito de sátira:

> Tipo de narrativa (literária, teatral etc.) caracterizada pela crítica picante, mordaz, burlesca de determinada situação social, costumes, instituições ou pessoas. Encontrada já na comédia grega primitiva, na poesia e na prosa da Idade Média, a sátira situa-se hoje entre as modalidades de expressão essencialmente ligadas ao humor. "Sem humor a sátira é mera injúria, sem boa forma literária, é zombaria grosseira, chacota" (*Enc.*

Britânica). Assim, por meio do humor, do burlesco, a sátira pressupõe uma atitude ofensiva, ainda quando dissimulada; o ataque é a sua marca indelével, a insatisfação perante o estabelecido, a sua mola básica. (Massaud Moisés *apud* Rabaça e Barbosa, 2001, p. 660)

Conceito de paródia:

Uso de elementos de uma obra já existente, geralmente em tom jocoso ou satírico, para produzir uma nova obra que apresente uma relação de intertextualidade com a anterior. A paródia é um recurso originário da linguagem literária, mas pode abranger vários tipos de linguagem, como teatro, música, pintura, cinema etc. (Rabaça e Barbosa, 2001, p. 551)

Não são necessárias grandes análises para perceber que a paródia apresentada nasceu da indignação da população com o *statu quo* e não é um jingle encomendado como peça publicitária do "seu Dudu" ou de qualquer outro político. Trata-se de uma paródia em tom satírico que, por isso, não se encaixa no conceito de jingle eleitoral, assim como todas as músicas de teor político anteriores aos primeiros jingles eleitorais de fato – *Comendo bola* e *Seu Julinho vem* – surgidos no Brasil, compostos para a campanha presidencial de Júlio Prestes em 1929.

As músicas de teor político datadas de antes de 1929 são sátiras, galhofas ou composições apresentando o dia a dia da política brasileira, como atesta Franklin Martins (s.d.):

As composições da época, no entanto, não se limitavam a fazer a crônica de fatos e a destacar personagens da vida política nacional. Iam mais além: também criticavam os vícios e as insuficiências da República, tão jovem e já tão velha. *Eleições em Piancó*, de 1912, mostra que as eleições "a bico de pena" e a "degola" dos candidatos eleitos tornavam a consulta às urnas um jogo de cartas marcadas. *Pai de toda a gente*, provavelmente composto um pouco antes de 1910, investe contra a "política de governadores", que assegurava o poder absoluto das oligarquias nos estados.

A partir de 1915, as gravadoras, em estreita dobradinha com os teatros de revista, aceleraram o ritmo de lançamento de músicas políticas. Recorrendo aos gêneros musicais mais populares na época – as marchinhas, as modinhas, as polcas, as valsas, os lundus, os maxixes, os cateretês e, depois, os sambas –, os compositores passaram a mirar diretamente nos figurões da política com galhofa e irreverência. Não houve presidente da República, salvo Epitácio Pessoa, que escapasse das gozações. Hermes da Fonseca sofreu em *Ai, Philomena* (1915), Wenceslau Braz em *Desabafo Carnavalesco* (1917), e Delfim Moreira em *Seu Derfim tem de vortá* (1919) – infelizmente ainda não se localizou uma gravação desse cateretê engraçadíssimo. Tampouco a oposição foi poupada. Que o diga Rui Barbosa, ridicularizado em *Papagaio Louro* (1920).

Nas eleições de 1922, quando o esquema do "café com leite", através do qual São Paulo e Minas revezavam-se na Presidência da República, começou a apresentar fissuras, o país já assistiu a uma verdadeira batalha musical, opondo *Ai, seu Mé* e *Goiabada*. *As composições, embora tomassem partido na campanha eleitoral, não eram jingles e tampouco pareciam encomendadas. Na verdade, não apoiavam candidatos. Simplesmente eram do contra, mas sem perder o bom humor e sempre revelando certa dose de ingenuidade.* Bernardes sofreu na pele de "seu Mé" e Peçanha pagou seus pecados como uma goiabada estragada.

Um esclarecimento: na época, era comum o uso de metáforas sobre comidas ou bebidas para designar os estados: Minas era o queijo, o leite ou a coalhada; São Paulo, o café; o Estado do Rio, a goiabada de Campos ou o arroz de Pendotiba; a Bahia, o vatapá e a pimenta. Também se abusava dos apelidos: Bernardes era o "Rolinha" ou o "seu Mé"; Rui Barbosa, o "Papagaio Louro"; Hermes da Fonseca, o "Dudu"; Wenceslau Braz, "São Braz"; Washington Luís, o "Bode" ou o "Cavanhaque", e por aí vai. Como se vê, o Brasil urbano, onde se produzia a maior parte das músicas da época, ainda era muito rural.

[...] Em 1926, já sinalizando que o clima no país era de degelo, aparece *Café com leite*, que mostra com humor e talento como a aliança entre São Paulo e Minas fazia os presidentes na República Velha. Sai Bernardes, mineiro, e entra Washington Luís, paulista. A sensação generalizada é de alívio. Livres da censura e do medo de represálias, os compositores não poupam críticas ao homem que havia governado com mão de ferro o Brasil por quatro anos. "Rolinha" transforma-se no *Passarinho do má* (mal) (1927), responsável pelas desgraças de todos os brasileiros. Já o novo ocupante do Palácio do Catete é recebido com otimismo e simpatia, como atestam a toada *Paulista de Macaé* e a marcha *O cavanhaque do bode*, ambas de 1927. (Grifo nosso)

Vários autores caracterizaram o jingle eleitoral como ferramenta de persuasão, comunicação, propaganda e marketing eleitoral. Vejamos alguns conceitos:

Jingle é um discurso musical dirigido a um eleitor. Se for benfeito, vai chegar ao coração dele, até mesmo antes de ter passado por sua cabeça. (Mendonça, 2001, p. 91)

Jingle: é sempre útil em qualquer campanha. A música benfeita e com ritmo empolgante tem a vantagem de atingir o lado emocional do eleitor. Deve, se possível, trazer em sua letra relação com a plataforma do candidato. (Ramos, 2003, p. 74)

Jingle: mensagem do candidato em forma de música, simples e atraente, fácil de memorizar. (Rech, 2000, p. 99)

Jingle é aquela peça musical complementar que procura traduzir em linguagem emocional o que o eleitor deseja. Quando ele é perfeito e funcional, tem que traduzir o sentimento oculto do eleitor, aquilo que nós chamamos de inconsciente, já que cada eleição tem seu perfil. (Bessa, in Pacheco, 1993, p. 196)

O jingle tem um papel fundamental, já que pode transmitir, da maneira mais popular, o significado maior da candidatura. E quando, além disso, consegue exprimir o sentimento do eleitorado, o jingle converte-se numa espécie de corrente emocional, tornando-se a própria alma da campanha. (Teixeira, 2000, p. 91)

Jingles son mensajes musicalizados, que quedan grabados en forma más efectiva, que sólo se dijeran con palabras y sin música. (Toledo, 1985, p. 27)

Os carros de som devem tocar a música do candidato, com seu nome, um bom slogan, de fácil recordação, e a ideia básica, contendo propostas do candidato. (Torquato, 2002a, p. 174)

Também são elementos essenciais do jingle a melodia e o ritmo. Conceito de ritmo:

> É a organização do movimento dentro do tempo. Pode-se afirmar que o som e o ritmo são tão velhos como o homem, que já os contém em si mesmo, na voz e nos movimentos do corpo: batidas do coração, respiração, passos etc. Além da música, o ritmo está presente na poesia e na dança, permitindo que essas três artes se manifestem juntas, e sejam por si mesmas denominadas artes rítmicas. (Albin, 2006, p. 637)

Conceito de melodia:

> A sucessão de notas que é apresentada na melodia da música pode ser racional, calculada e medida, porém neste caso a beleza (estética) fica comprometida; mas a melodia também pode ser bela, gostosa e envolvente – pode-se dizer que para isto obrigatoriamente *não será repetitiva* (um trecho que é repetido muitas vezes apresenta perda de interesse aos ouvidos), *não será monótona* (apresenta um só tom, não possui curvas na melodia, ou seja, não "sobe" nem "desce" muito) e terá um desenvolvimento (progressão – sequência), será *sedutora* (a melodia que é sedutora é bem estruturada no sentido amplo da música, apresentando começo, meio e fim. Começa sutilmente apresentando uma ideia e no decorrer da música desenvolve e alonga esta ideia original trazendo surpresas e novidades até chegar a um ápice, geralmente o refrão [...]). Completando,

deve ser sempre *criativa*, a originalidade é um grande ponto em composição. O plágio (8 compassos iguais) é descartado e desclassificado. Nisto, a presença de quiálteras, "contrarritmo", deslocamentos rítmicos e síncopas ajuda a dar movimento à música, principalmente a brasileira. (Parâmetros – Unicamp, s.d.)

Concluímos então que, no caso dos jingles eleitorais, o ritmo e a melodia devem adequar-se à região, época e moda específicas, sendo agradáveis, de fácil assimilação e, principalmente, tendo a capacidade de "grudar como chiclete" no ouvido dos eleitores como parte do efeito persuasivo almejado. Além de divulgar as qualidades do candidato, o jingle deve tentar consolidar as opiniões favoráveis e modificar as adversas.

Assim, para um jingle de anúncio de cemitério, não poderíamos usar um ritmo de lambada ou samba; o ideal seria um ritmo que transmitisse calma e serenidade. Da mesma forma, o jingle eleitoral tem de apresentar um ritmo que antecipe a alegria da vitória. Três casos de jingles que não respeitaram essa regra simples e acabaram prejudicando o candidato: na campanha de certo prefeito, o jingle utilizado foi a música *Canção da América*, de Milton Nascimento, mais conhecida pelo verso "Amigo é coisa pra se guardar", com seu ritmo melancólico e depressivo; *Gente humilde*, cantada por Ângela Maria, cujo ritmo tem características similares às do caso anterior, foi usada em campanha para prefeito da cidade de Osasco em 2004; o terceiro exemplo é o jingle utilizado na campanha de Fernando Henrique Cardoso para prefeito de São Paulo (1985), no qual constava, acompanhada de um BG (*background noise* – ruído de fundo, música de fundo) melancólico e triste (a canção *Coração de estudante*), a voz de Tancredo Neves, falecido no mesmo ano, o que na ocasião provocou uma comoção social. Obviamente, esses jingles provocaram nos eleitores sensações e recordações não muito felizes, e com certeza influenciaram na derrota desses candidatos nas urnas. O ritmo dos jingles tem de despertar emoções positivas e, em colaboração com a letra, aguçar sentimentos de consagração e glória, como nas marchas de triunfo.

O jingle eleitoral é visto como uma hábil ferramenta para atrair a atenção dos eleitores, além de emocioná-los, sendo capaz de ditar a direção discursiva para cabos eleitorais e militantes, ou seja, orientá-los para que possam transmitir um discurso único, objetivo e persuasivo.

Fazer um jingle eleitoral exige técnica e envolve, entre outras atividades, uma pesquisa sobre o perfil do candidato. Antes da criação do jingle para uma campanha eleitoral, é preciso descobrir o que o povo pensa sobre o candidato, entender o ambiente eleitoral e determinar se o tema será a mudança ou a continuidade. Deve-se fazer um slogan que aborde as principais demandas da população que será atingida pelo jingle, as famosas "bandeiras de luta". Com o slogan definido, será preciso desenvolver a letra do jingle, que deverá explicar quem o candidato é, o que vai fazer e quais serão as suas lutas. Em seguida, a melodia. E *voilà*: surge o famoso jingle eleitoral. Mas espere: ainda falta o ritmo, que deve ser condizente com o perfil do local e sua vocação econômica. Nas eleições federais ou em grandes cidades, torna-se necessária a produção de vários ritmos para agradar a um maior número de eleitores.

O maior segredo do jingle é conquistar a emoção dos eleitores, usando coerência e persuasão com base nos desejos da população.

O texto a seguir, retirado da matéria "Jingle, método eficiente para convencer os eleitores", de Talis Mauricio (2006), corrobora as explicações até o momento expostas.

> [O professor Mitsuru Yanaze afirma:] "Ele não é inofensivo. Se não gerar mudança quer dizer que não prestou". [...]
> Segundo Yanaze, o jingle deve chamar a atenção, passar uma mensagem rápida, objetiva e às vezes sonoramente agradável. Para tanto, apela a temas sociais, a músicas e artistas que estejam na moda, criando forte

laço de identificação com o eleitor. Estimular a lembrança e fazer com que as letras sejam cantadas e disseminadas também são aspectos fundamentais. "Feito isso, o objetivo está concretizado", diz o professor.

[...] Para o professor Plínio João de Souza, de Sistemas de Informação da PUC-SP, ESPM e Unifieo, dependendo do trabalho ele é lembrado para o resto da vida, passando de geração a geração. "Você pega o subconsciente, o lado emocional e associa ao comportamento de consumo da pessoa", afirma. "Juntando a melodia, as rimas, o dia a dia e as associações do cotidiano, o resultado é fatal." [...]

Souza acredita que não é um processo racional, já que é incutido de forma subliminar no eleitor, e que é um método extremamente eficiente, pois condiciona o cérebro. "Parece inofensivo, mas não é. É muito bem pensado. Era assim com Goebbels, chefe da propaganda nazista de Hitler", compara.

Afirmar que o voto inconsciente – facilmente levado pela propaganda eleitoreira – é atitude de pessoas menos escolarizadas pode ser um preconceito, na opinião de Robson Colosio, psicólogo social do Departamento de Psicologia Social e do Trabalho do Instituto de Psicologia da USP. Segundo ele, não há estudos que comprovem a tese popular. "Depende do grau de organização psíquica da pessoa, independe do grau de escolarização", diz. "Se ela não tem bons relacionamentos afetivos, profissionais e culturais, agarra-se aos elementos do mundo externo, talvez seja influenciada, pois não é capaz de definir por si própria."

Sendo assim, qualquer pessoa, independentemente da classe social, pode ouvir um jingle eleitoral e, na hora de votar, agir conforme pede a "musiquinha". Colosio acrescenta que é o mesmo comportamento do consumidor desenfreado, que se apega a fatores externos por carecer de falta de julgamento. No caso das crianças, que saem cantando os jingles, o psicólogo diz não haver problemas, pois é uma forma de brincadeira entendida do jeito delas. "Não é o mesmo efeito para todos: conforme crescem, entram em contato com outras realidades e passam a entender melhor essas informações."

Segundo Lula Vieira, os jingles são muito importantes em uma campanha eleitoral. O jingle une os eleitores, une a turma, ele é um hino, pois não há um clube, não há nenhum aglomerado humano que se sinta preso por laços afetivos, por laços de proximidade. Assim, a ideia é encontrar algo que seja comum em termos musicais, como o hino do clube, o hino do estado ou do país. O jingle identifica determinado número de pessoas que pensam da mesma forma e tem a grande vantagem de preencher vazios nos comícios, nos encontros, nas reuniões – aquele jingle repetitivo vai identificando a festividade e o candidato. Ele tem de ser a cara do candidato. Não adianta fazer um rock "pauleira" para um candidato tradicional, cuja plataforma seja a da continuidade, do respeito às tradições, do mesmo modo que uma valsa provavelmente não ajudará um candidato que queira mostrar juventude, arrojo, ideias novas. A letra também deve guardar relação com o candidato, pois ficar repetindo os lugares-comuns (competência, honestidade etc.), em rimas fáceis e óbvias, não resolve muita coisa. Por isso, os melhores jinglistas são aqueles que conseguem, conhecendo o candidato, suas ideias e sua plataforma, fazer jingles que resumam tudo isso. Tais jingles constituem-se em instrumentos muito úteis para uma campanha.

Reginaldo Bessa acredita que os jingles têm de ser bastante veiculados, pois a repetição é um elemento-chave para que eles sejam bem-sucedidos. O jingle ideal em geral não é feito por amigos ou parentes, que normalmente oferecem "seus serviços" de graça em campanhas eleitorais. O bom profissional é a pessoa mais indicada para assumir essa missão.

Lázaro do Piauí, um dos compositores contemporâneos de jingles (como *Deixa o homem trabalhar*, da campanha pela reeleição de Lula em 2006), afirma que muitos compositores se perdem na hora de fazer um jingle pois é muito difícil atingir o belo por meio do simples.

Fernando Suassuna, proprietário de uma empresa produtora de jingles, acredita que o grande desafio é pegar o eleitor pela emoção. Ele afirma já ter visto casos em que os jingles iniciaram uma verdadeira reviravolta na percepção dos eleitores.

O baixo custo de produção dos jingles eleitorais e seu forte poder de fixação na memória do eleitor faz deles peças publicitárias muito utilizadas pela propaganda eleitoral. Em épocas de eleição, é comum encontrar candidatos apostando boa parte de suas fichas na sensibilidade dos músicos responsáveis pelos jingles, esperando que criem um refrão que se torne o hino oficial de sua campanha e possa ser lembrado na hora do voto. Campanhas eleitorais com mais recursos podem chegar a contratar estrelas populares da MPB para a gravação dos jingles. Em alguns casos, compositores e cantores permitem que músicas suas já conhecidas tenham a letra adaptada ao briefing do candidato. Chico Buarque de Hollanda, por exemplo, adaptou a música *Vai passar*, feita em parceria com Francis Hime, para a campanha eleitoral de Fernando Henrique Cardoso, que em 1985 era candidato à Prefeitura de São Paulo.

Grandes nomes da música popular brasileira já compuseram jingles para políticos. A carreira de Sinhô, por exemplo, ficou marcada por uma composição encomendada por uma agência de propaganda: o samba *Eu ouço falar*, conhecido popularmente como *Seu Julinho*, especialmente criado para a campanha de Júlio Prestes em 1929 e gravado por Francisco Alves. Herivelto Martins também emprestou seu talento a um político quando criou o jingle para a campanha presidencial de Adhemar de Barros (eleições de 1960), chamado *Caixinha do Adhemar*, assinando essa composição junto com Benedito Lacerda. Lamartine Babo foi o autor de *Gê-Gê*, marchinha composta para a campanha de Getulio Vargas em 1929, gravada por Almirante, juntamente com o Bando de Tangarás e a Orquestra Guanabara.

No interior do país, é comum que candidatos apropriem-se de músicas de sucesso para a criação de seus jingles. Para alardear seu grande feito na administração (afirmava ter asfaltado quase toda a cidade), o prefeito de Itapagipe, cidade no interior de Minas Gerais, durante campanha pela reeleição, colocou carros de som circulando pela cidade e tocando para os cerca de 11 mil habitantes: "Poeira/Poeira/Poeira/Aqui não tem poeira". O refrão é só um pouco diferente do presente na música *Sorte grande*, interpretada por Ivete Sangalo. A melodia, obviamente, é a mesma. Vale lembrar que o uso de músicas sem autorização do autor e pagamento dos direitos autorais é crime.

Um dos grandes problemas ligados à produção dos jingles eleitorais refere-se ao tempo disponível para a composição e gravação. Segundo Antonio Rosa Neto, presidente do Grupo de Profissionais de Rádio (GPR), o mercado exige das agências rapidez no desenvolvimento das campanhas, além de baixos custos. Por causa disso, existe uma tendência à opção pelos spots curtos em vez dos jingles tradicionais, que demandam mais tempo de gravação e a contratação de músicos.

Esclarecidos alguns conceitos, passemos agora à análise dos jingles eleitorais nas campanhas presidenciais brasileiras (em eleições diretas). Ao final dessa etapa, analisaremos também alguns jingles de outras campanhas no Brasil. Vamos utilizar como base para o nosso estudo os parâmetros estabelecidos por Graziela Valadares Gomes de Mello Vianna, que se referem às marcas discursivas, palavras e expressões-chave e técnicas publicitárias.

Marcas discursivas: foram observados, no discurso publicitário, termos e elementos sonoros essenciais, significativos, retomados com frequência. Por meio desses elementos-chave torna-se possível determinar as marcas discursivas que indicam o tema central das peças publicitárias. Tais marcas revelam, por exemplo, o tema principal das peças e as estratégias publicitárias utilizadas na tentativa de mudar hábitos ou manter determinados padrões de comportamento (Vianna, 2004, p. 119).

Para a análise dos jingles eleitorais, as marcas discursivas observadas foram:

a   Comparação.
b   Mudança.
c   Afirmação.
d   Destaques.
e   Ufanismo.
f   Conceito.
g   Convocação.
h   Empatia.

Obedecendo à nossa proposta, o passo seguinte foi relacionar as eleições presidenciais com o voto direto e com o uso do jingle como ferramenta de comunicação, marketing e propaganda pelas campanhas dos candidatos (apenas os principais candidatos são mencionados):

- Eleição de 1930: Júlio Prestes × Getulio Vargas.
- Eleição de 1945: marechal Dutra × brigadeiro Eduardo Gomes.
- Eleição de 1950: Getulio Vargas × brigadeiro Eduardo Gomes.
- Eleição de 1955: Juscelino Kubitschek × Adhemar de Barros.
- Eleição de 1960: Jânio Quadros × Adhemar de Barros × marechal Lott × João Goulart (Jango).
- Eleição de 1989: Fernando Collor × Lula.
- Eleição de 1994: Fernando Henrique Cardoso × Lula.
- Eleição de 1998: Fernando Henrique Cardoso × Lula.
- Eleição de 2002: Lula × José Serra.
- Eleição de 2006: Lula × Geraldo Alckmin.
- Eleição de 2010: Dilma Rousseff × José Serra.

O ano de 1929 marca o início do uso dos jingles eleitorais no Brasil, com composições feitas para as campanhas de Júlio Prestes e Getulio Vargas.

COMO FOI A ELEIÇÃO PARA PRESIDENTE EM 1930?

Essa eleição foi marcada pela revolta decorrente da atitude de Washington Luís ao indicar para a presidência, para assegurar a continuidade de sua política econômico-financeira de austeridade e contenção de recursos para a cafeicultura, outro paulista, Júlio Prestes, o que representou o rompimento do esquema de revezamento entre Minas Gerais e São Paulo conhecido como "política do café com leite", segundo o qual, para o novo quadriênio, o candidato oficial deveria ser mineiro. A reação dos representantes de Minas Gerais, juntamente com os do Rio Grande do Sul e da Paraíba, fez nascer a Aliança Liberal, partido da oposição.

Sentindo-se alijado da disputa eleitoral, o presidente de Minas Gerais, Antônio Carlos Ribeiro de Andrada, buscou apoio do Rio Grande do Sul para se opor aos planos de Washington Luís. Terceiro estado em importância eleitoral, o Rio Grande do Sul tornava-se a peça-chave no jogo sucessório.

Assim, um gaúcho acabou sendo indicado como candidato pela Aliança Liberal: Getulio Vargas, que inovou em sua campanha, imprimindo cartazes e usando o rádio, apesar de ainda embrionário, com desembaraço, além de contar com a marchinha mais popular dentre os jingles que marcavam presença pela primeira vez no cenário eleitoral brasileiro. Escrita por Lamartine Babo, a marchinha *Gê-Gê* (ou *Seu Getulio*) se sobrepôs ao jingle de Júlio Prestes, *Comendo bola*.

OS PRINCIPAIS CANDIDATOS

JÚLIO PRESTES

Eleito presidente do estado de São Paulo em julho de 1927, em 1929 foi indicado por Washington Luís como candidato do governo à sucessão presidencial a ser definida em março do ano seguinte. Esse fato, como já dissemos, desagradou Minas Gerais, que contava com a indicação de um mineiro para assegurar a alternância entre os dois maiores estados no comando do governo federal. Os representantes de Minas Gerais, unindo-se a gaúchos e paraibanos, acabaram estabelecendo a Aliança Liberal, partido de oposição cujo candidato principal era o gaúcho Getulio Vargas, tendo como candidato a vice o paraibano João Pessoa. A campanha foi bastante acirrada; realizado o pleito, a chapa situacionista foi declarada vitoriosa. Assim que o resultado oficial foi divulgado, Júlio Prestes viajou para o exterior, sendo recebido como presidente eleito em Washington, Paris e Londres.

GETULIO VARGAS

Candidato da Aliança Liberal, coligação oposicionista de âmbito nacional formada no começo de agosto de 1929 por iniciativa de líderes políticos de Minas Gerais e do Rio Grande do Sul, com o objetivo de apoiar as candidaturas de Getulio Vargas e João Pessoa, respectivamente, à presidência e à vice-presidência da República na eleição de 1º de março de 1930.

Data da eleição: 1º de março de 1930
Tipo de eleição: Direta
Candidatos à presidência da República: Júlio Prestes (Partido Republicano Paulista – PRP), Getulio Vargas (Aliança Liberal: Partido Republicano Mineiro – PRM + Partido Republicano Rio-grandense – PRR) e Minervino de Oliveira (Partido Comunista do Brasil – PCB)
Candidatos à vice-presidência da República: Vital Soares (PRP), João Pessoa (AL) e Gastão Valentim Antunes (PCB)
Vencedor: Júlio Prestes
Resultado da eleição para presidente da República: Júlio Prestes: 1.091.709 votos; Getulio Vargas: 809.307 votos
Resultado da eleição para vice-presidente da República: Vital Soares: 1.079.360 votos

Faremos a seguir uma análise dos jingles de Júlio Prestes e Getulio Vargas.

JINGLE DE JÚLIO PRESTES

Para a campanha de Júlio Prestes, em 1929, Luiz Peixoto, um dos maiores cantores da chamada "Era do Rádio", e que mais tarde faria sucesso com No tabuleiro da Baiana, trouxe a campanha eleitoral para o disco com a música Não se meta com seu Júlio, de Hekel Tavares. Na letra, de sua autoria, Peixoto desafiava a sopro de tuba o então candidato da Aliança Liberal, Getulio Vargas, a tomar cuidado com seu adversário, que à época tinha o apoio dos principais grupos oligárquicos dos estados que o apoiavam, de Rio de Janeiro e São Paulo: "Getulio, fon, fon, fon, fon, você está comendo bola, não se mete com 'seu Júlio' que 'seu Júlio' tem escola". "Seu Júlio" levaria as eleições no bico e no cabresto, mas, a três de outubro de 1930, Getulio Vargas tomaria o poder através de golpe militar. (Xavier, s.d.)

Comendo bola
Autores: Hekel Tavares e Luiz Peixoto
Intérprete: Jaime Redondo
Gênero: Marchinha
Gravadora: Columbia – selo 5117
Acervo: Franklin Martins (s.d.)

Gaúcho, meu irmãozinho,
Meu irmãozinho mineiro,
Seu Julinho é que vai ser,
Porque esse tal de Julinho
É um caboclo brasileiro,
Brasileiro como quê.
Tudo mais é gauchada,
Tudo mais não vale nada.
Meu irmãozinho gaúcho.
Tu amarra as cavalhadas,
Vendo as coisas mal paradas,
Não aguenta com o repuxo.

*Getulio,
você tá comendo bola.
Não se mete com seu Júlio,
Não se mete com seu Júlio,
Que seu Júlio tem escola.
(bis)*

*Atrás do liberalismo,
Ninguém vá nesse cinismo.
É potoca, é brincadeira.
Eu conheço muito tolo
Que acabou levando bolo.
E bateu na geladeira.
Eles pensam, seu Julinho,
Que esse povo é um zé povinho,
Que isso é pau de galinheiro;
Que sem nota e sem carinho
O Brasil anda sozinho
Porque Deus é brasileiro.*

*Getulio,
você tá comendo bola.
Não se mete com seu Júlio,
Não se mete com seu Júlio,
Que seu Júlio tem escola.
(bis)*

Marca discursiva: comparação.
Palavras e expressões-chave: "é que vai ser"; "comendo bola"; "não se mete"; "gauchada"; "não aguenta com o repuxo"; "bateu na geladeira".
Técnicas publicitárias:
Texto: defesa de uma tese, imposição de raciocínio, explicação do produto e do antiproduto, trocadilhos (Barreto, 1982, p. 205).
Recurso motivador: anúncio de narcisismo (Martins, 1997, p. 154).

Esquema básico: técnica de criação de inimigos e apelo à autoridade, estereótipos (Carrascoza, 1999, p. 41).

A marca discursiva desse jingle é a comparação, como observamos nas expressões-chave "é que vai ser", "não se mete" (referindo-se a Júlio Prestes) e "comendo bola", "gauchada", "não aguenta com o repuxo", "bateu na geladeira" (referindo-se a Getulio Vargas). A música que acompanha a letra é brejeira, alegre, bem típica da década de 1920, com suas famosas melindrosas.

JINGLE DE GETULIO VARGAS

> Campanha mesmo, para incendiar os ânimos da população e provocar algo parecido com o que temos hoje, só veio a acontecer mesmo nas eleições de 1929. A intensa polarização entre Getulio Vargas, candidato da Aliança Liberal, e o situacionista Júlio Prestes (apoiado pelo Presidente Washington Luís), que ganhou mas não levou, acendeu a paixão política do País – levando-o, em seguida, à Revolução de 30 – e teve no rádio um aliado importante, ainda que embrionário.
>
> O então Presidente da Paraíba, João Pessoa, cogitado para vice-presidência da República na chapa de Getulio, foi assassinado por um desafeto no calor dos acontecimentos políticos, quando tomava um sorvete na Confeitaria Glória, no centro do Recife, dando uma boa medida do clima passional que cercava a sucessão.
>
> Como contribuição às campanhas políticas, a eleição de 29 introduziu, entre outras novidades, os grandes comícios, como o que Getulio Vargas realizou na Esplanada do Castelo, no Rio, na época uma grande área vazia. Mesmo tendo perdido as eleições – teve 700 mil votos contra 1,5 milhão de Júlio Prestes, em resultado até hoje contestado, que pode ter inaugurado as fraudes eleitorais –, Getulio inovou na campanha [...].
> (Valente, 2010)

Seu Getulio ou Gê-Gê
Autor: Lamartine Babo
Intérprete: Almirante, com o Bando de Tangarás e a Orquestra Guanabara
Gênero: Marchinha
Gravadora: Parlophon – selo 13.274-B
Acervo: Franklin Martins (s.d.)

Só mesmo com revolução
Graças ao rádio e ao parabélum,
Nós vamos ter transformação
Neste Brasil verde-amarelo
Gê-e-Gê-/t-u-tu/l-i-o-lio/Getulio

Certa menina do Encantado,
Cujo papai foi senador,
Ao ver o povo de encarnado
Sem se pintar mudou de cor
Gê-e-Gê-/t-u-tu/l-i-o-lio/Getulio.

Marca discursiva: mudança.
Palavras e expressões-chave: "só mesmo"; "vamos ter transformação"; "sem se pintar mudou de cor".
Técnicas publicitárias:
Texto: defesa de uma tese, trocadilhos (Barreto, 1982, p. 205).
Recurso motivador: anúncio de positividade (Martins, 1997, p. 154).
Esquema básico: apelo à autoridade (Carrascoza, 1999, p. 41).

A marca discursiva denota o anseio de mudança do *status quo*, por meio de uma revolução, tida como ferramenta para atingir esse objetivo. A frase "só mesmo com revolução" condiciona a mudança, reafirmada pela frase "nós vamos ter transformação". Constatam-se a vergonha e o medo da autoridade no que concerne aos seus opositores na passagem "Ao ver o povo de encarnado [getulistas]/Sem se pintar mudou de cor". A música usada para compor esse jingle é de cunho narrativo e em tom professoral, com melodia serena e pausas bem marcadas.

A seguir, a composição musical que pode ser considerada o primeiro jingle eleitoral da história brasileira: *Seu Julinho vem*.

> A marchinha de Eduardo Souto não esconde suas simpatias por Júlio Prestes, candidato oficial a presidente da República. É quase uma peça de propaganda, mas, mesmo assim, é saborosíssima. "Seu Toninho" é Antônio Carlos de Andrada, presidente de Minas Gerais ("terra do leite grosso"), que se recusava a aceitar a indicação de "Seu Julinho", de São Paulo, que rompia com a política do café com leite – um mandato no Palácio do Catete para a elite paulista, outro para elite mineira –, que vigorou durante quase toda a República Velha. A referência ao Rio de Janeiro explica-se: o Rio era a capital do país, a sede do poder. (Martins, s.d.)

Seu Julinho vem
Autor: Eduardo Souto
Intérprete: Francisco Alves
Gênero: Marcha
Gravadora: Odeon
Acervo: Franklin Martins (s.d.)

Ô seu Toninho,
Da terra do leite grosso,
Bota cerca no caminho
Que o paulista é um colosso.

Puxa a garrucha,
Finca o pé firme na estrada.
Se começa o puxa-puxa
Faz o seu leite coalhada.

Seu Julinho vem, seu Julinho vem,
Se o mineiro lá de cima descuidar.
Seu Julinho vem, seu Julinho vem,
Vem mas, puxa, muita gente há de chorar.

Ô seu Julinho,
Sua terra é do café.
Fique lá sossegadinho,
Creia em Deus e tenha fé.
Pois o mineiro
Não conhece a malandragem
Lá no Rio de Janeiro.
Ele não leva vantagem.

Seu Julinho vem, seu Julinho vem,
Se o mineiro lá de cima descuidar.
Seu Julinho vem, seu Julinho vem,
Vem mas, puxa, muita gente há de chorar.

Marca discursiva: comparação.
Palavras e expressões-chave: "é um colosso"; "fique lá sossegadinho"; "não conhece a malandragem"; "ele não leva vantagem".
Técnicas publicitárias:
Texto: imposição de um raciocínio, explicação do produto e do antiproduto, trocadilhos (Barreto, 1982, p. 205).
Recurso motivador: anúncio de narcisismo (Martins, 1997, p. 154).
Esquema básico: técnica de criação de inimigos e apelo à autoridade, estereótipos (Carrascoza, 1999, p. 41).

A marca discursiva desse jingle se apresenta a todo momento com a comparação constante entre os candidatos: "é um colosso", "seu Julinho vem", "faz o seu leite coalhada". O confronto entre as qualidades de Júlio Prestes e os defeitos de Antônio Carlos (que seria o indicado mineiro) também aparece na passagem "Não conhece a malandragem/Lá no Rio de Janeiro./Ele não leva vantagem". A música usada é bem típica da época: uma marcha despretensiosa, sem grande destaque para os metais, permitindo que a voz sobressaia.

COMO FOI A ELEIÇÃO PARA PRESIDENTE EM 1945?

Foi uma das eleições mais concorridas que nossa história conheceu. Primeiro, pela comoção decorrente da deposição de um presidente; depois, porque ela marcou o retorno do povo às urnas após um período ditatorial. Muitas peças publicitárias foram produzidas, e o comparecimento às urnas foi um dos maiores já vistos – os eleitores se mobilizaram após o posicionamento público de Getulio em favor de Dutra. De um total de 7.459.849 eleitores, votaram 6.200.005.

No dia 2 de dezembro de 1945, foram realizadas eleições para a presidência da República e para a formação de uma Assembleia Nacional Constituinte. Na ocasião, a chefia do governo estava a cargo de José Linhares, que em 30 de outubro, após a ação militar que depôs Getulio Vargas e pôs fim ao Estado Novo, havia deixado a presidência do Supremo Tribunal Federal para assumir a presidência da República.

Quatro foram os candidatos que disputaram a eleição presidencial: o brigadeiro Eduardo Gomes, apoiado por uma ampla frente de oposição a Vargas, reunida em torno da União Democrática Nacional (UDN); o general Eurico Gaspar Dutra, com o apoio do Partido Social-Democrático (PSD), comandado pelos interventores estaduais durante o Estado Novo e mais tarde pelo Partido Trabalhista Brasileiro (PTB), cuja base política era formada principalmente por trabalhadores urbanos filiados a sindicatos vinculados ao Ministério do Trabalho; Iedo Fiúza, candidato do Partido Comunista do Brasil (PCB), que contava com os votos das camadas médias e populares das grandes cidades brasileiras; e Álvaro Rolim Telles, do Partido Agrário Nacional (PAN).

Até meados do mês de novembro, enquanto a candidatura udenista crescia, impulsionada pelo apoio de importantes órgãos de comunicação, a do seu principal competidor, o general Eurico Dutra, não conseguia empolgar o eleitorado varguista, até porque o ex-ditador, recolhido a São Borja, permaneceu em silêncio sobre os candidatos durante quase toda a campanha presidencial, restringindo-se a convocar o eleitorado a apoiar a legenda do PTB.

Dois eventos vieram mudar esse quadro. O primeiro deles foi o desencadeamento de uma intensa campanha contra a candidatura de Eduardo Gomes, levada a efeito pelo líder varguista Hugo Borghi, que usou como pretexto uma declaração do brigadeiro de que não estava interessado em receber o voto da "malta de desocupados" que frequentava os comícios de Vargas durante o Estado Novo. Borghi descobriu que o termo "malta", além de significar "bando, súcia", podia designar também "grupo de operários que percorrem as linhas férreas levando suas marmitas". Sua estratégia foi denunciar o candidato udenista como elitista e contrário ao trabalhador, já que desprezava o voto dos "marmiteiros". A campanha contra Eduardo Gomes surtiu efeito e passou a mobilizar o eleitorado popular em direção à candidatura de Dutra. O segundo evento que contribuiu para o mesmo resultado foi a divulgação de um manifesto de Getulio Vargas, assinado em 25 de novembro, somente uma semana antes do pleito, no qual o ex-presidente conclamava o povo a votar em Dutra.

Realizadas as eleições, Dutra obteve 55% dos votos, enquanto Eduardo Gomes alcançou 35% e Iedo Fiúza, 10%. O PSD repetiu a vitória nas eleições para a Assembleia Nacional Constituinte. Obteve 61,9% dos votos para o Senado e 52,7% para a Câmara dos Deputados, conquistando dessa forma a maioria nas duas Casas do Congresso Nacional. A UDN, o PTB e o PCB receberam respectivamente 23,8%, 4,7% e 2,3% dos votos para o Senado e 26,9%, 7,6% e 4,8% dos votos para a Câmara dos Deputados. (Freire, s.d.)

O ambiente durante essa eleição, com a deposição de Getulio Vargas e o movimento queremista, era de incerteza. Isso só se modificou quando Getulio declarou seu apoio a Dutra, uma semana antes do pleito.

> Na noite de 29 de outubro de 1945, premido pelas circunstâncias, e sob as garantias de vida e segurança para si e para sua família, o ditador Getulio Vargas renuncia, pondo fim a quinze anos ininterruptos de governo, sendo os quatro primeiros com a constituição rasgada, os três subsequentes com a constituição ignorada e os oito últimos sob o totalitarismo do Estado Novo. José Linhares, presidente do Supremo Tribunal Federal, na ocasião, se achava em uma festa, em companhia de seus familiares, e foi solicitado a comparecer, com a máxima urgência, no Ministério da Guerra, onde era esperado pelo ministro, general Pedro Aurélio de Góis Monteiro. Assim foi que, pelas duas horas da madrugada, já no dia 30, ficou sabendo do acontecimento, e de que deveria tomar posse, como presidente interino, às duas horas da tarde, cabendo-lhe garantir a estabilidade do país e presidir as eleições gerais, marcadas para o dia 2 de dezembro.
> Não faltou quem achasse, sobretudo nos setores mais duros das Forças Armadas, que tais eleições devessem ser suspensas, até a normalização da vida democrática, para evitar distorções nos resultados. Não obstante, Góis Monteiro, garantidor da transição, fez questão fechada de que o calendário eleitoral deveria ser mantido. Apenas foram canceladas, até segunda ordem, as eleições regionais, ficando o pleito de 2 de dezembro restrito à eleição do presidente da República e do Congresso Nacional (Câmara Federal e Senado), com poderes de Assembleia Nacional Constituinte. (Victorino, s.d.)

A partir de 1945, o rádio passou a exercer papel decisivo nas eleições, e, na bancada constituinte de então, já constavam vários locutores, guindados à Câmara Federal pelas ondas médias do rádio. Nessa época, na Rádio Pan-americana de São Paulo (hoje Jovem Pan), era veiculado todos os dias, das 20h30 às 21h, um programa chamado *Atualidades políticas*, que tratava apenas das campanhas de Dutra para presidente e Fernando Costa para governador do estado de São Paulo (*Correio Paulistano*, 14 abr. 1945, p. 3).

A ausência de um projeto governamental para o setor de radiodifusão abriu espaço no rádio para os principais políticos da época, entre eles Adhemar de Barros, então governador de São Paulo, cujo contato com a população foi feito durante bastante tempo pela Rádio América. Em meados de 1945, Adhemar comprou a Rádio Bandeirantes e a passou para seu sobrinho, João Saad (Moreira, 1998, p. 42).

Para atrair o eleitorado feminino, o brigadeiro Eduardo Gomes, da União Democrática Nacional (UDN), usou em sua campanha (não oficialmente) o slogan: "Vote no brigadeiro, que é bonito e é solteiro".

Embora a aviação comercial no Brasil tenha começado em 1925, com a instalação de uma linha aérea francesa ligando o Rio de Janeiro a Buenos Aires – seguida da fundação, em Porto Alegre, da Viação Aérea Rio-grandense (Varig) (1927); da Cia. Sindicato Condor (1927), futura Cruzeiro do Sul; e da Nyrba do Brasil (1928), futura Panair do Brasil –, o avião só se fez presente em uma campanha eleitoral em 1945, conforme destacou o jornal *Correio Paulistano* em sua edição do dia 23 de outubro de 1945, na página 3: "Ao descer do avião, vindo de visitas políticas no sul do país, foi o General Dutra recebido no aeroporto Santos Dumont no Rio de Janeiro [...]".

OS PRINCIPAIS CANDIDATOS

EURICO GASPAR DUTRA

O Partido Social-Democrático (PSD), formado com base nos interventores e na máquina política do Estado Novo, em aliança com o Partido Trabalhista Brasileiro (PTB), organizado por lideranças sindicais ligadas ao Ministério do Trabalho, escolheu o general Eurico Gaspar Dutra como seu candidato à presidência da República. Dutra apresentou-se como continuador do trabalhismo getulista e defensor da legalidade democrática.

O candidato tinha, então, 62 anos e, embora a idade não parecesse pesar-lhe sobre os ombros, não possuía os atrativos do seu opositor. Eduardo Gomes, aos 49 anos, já era muito conhecido, sendo admirado por militares e civis. A geração que acompanhou os sobressaltos da Segunda Guerra Mundial via em Gomes um herói: fora ele o responsável pelo transporte aéreo de homens e materiais, patrulhamento da costa, cobertura aérea, comboios de navios mercantes e ataques de aviões brasileiros a submarinos do Eixo. Como comandante da I e da II Zona Aérea, sediadas, respectivamente, em Belém e no Recife, pôde, graças a recursos vindos dos Estados Unidos, construir ali bases aéreas, na época as maiores do mundo. Hábil interlocutor, embora severo, era tido como de fino trato, democrata, liberal. Se Dutra lembrava Getulio, o brigadeiro assomava como uma esperança de democratização. A juventude e a intelectualidade de meados da década de 1940 estavam, literalmente, hipnotizadas por Eduardo Gomes.

BRIGADEIRO EDUARDO GOMES

A União Democrática Nacional (UDN), partido representante dos bancos e demais setores privados, e também das camadas médias liberais, lançou como candidato o brigadeiro Eduardo Gomes, que se apresentou como o porta-voz das correntes liberais.

Apoiada pelos principais jornais da época (*O Estado de S. Paulo, Correio da Manhã, Diário de Notícias* e *Diário Carioca*), sua candidatura parecia ter a maior chance de sucesso, imagem que perdurou durante toda a campanha eleitoral. Seus slogans: "O preço da liberdade é a eterna vigilância" e "Lembrai-vos de 1937". O símbolo usado era um lenço branco, referindo-se aos liberais que derrubaram o Império, em analogia à pretendida derrubada da ditadura Vargas.

Enquanto Dutra conquistava o apoio das forças conservadoras, Eduardo Gomes era consagrado como "o candidato do povo", "o brigadeiro da libertação". O slogan "Vote no brigadeiro, que é bonito e é solteiro" corria de boca em boca. Para completar, o herói da Aeronáutica lembrava Charles Boyer.

Data da eleição: 2 de dezembro de 1945
Tipo de eleição: Direta
Candidatos à presidência da República: Eurico Gaspar Dutra (PSD), Eduardo Gomes (UDN + Partido Libertador – PL), Iedo Fiúza (PCB) e Álvaro Rolim Telles (PAN)
Candidatos à vice-presidência da República: Nereu de Oliveira Ramos (PSD-SC) e José Américo de Almeida (PSD-PE)[5]
Vencedor: Eurico Gaspar Dutra
Resultado da eleição para presidente da República:
1º lugar – Eurico Gaspar Dutra (PSD): 3.251.507 votos
2º lugar – Eduardo Gomes (UDN + PL): 2.039.342 votos
3º lugar – Iedo Fiúza (PCB): 569.818 votos
4º lugar – Álvaro Rolim Telles (PAN): 10.001 votos
Resultado da eleição para vice-presidente da República:
Eleito: Nereu de Oliveira Ramos (PSD-SC): 178 votos (56,33%)
José Américo de Almeida (PSD-PE): 138 votos (43,67%)
Tipo de eleição: Indireta, pela Assembleia Constituinte

JINGLE DO BRIGADEIRO EDUARDO GOMES

Não se sabe ao certo a data do samba que serviu como jingle da candidatura do brigadeiro Eduardo Gomes. Como na maioria das gravações especiais encomendadas por partidos e comitês eleitorais, os registros são imprecisos: a composição tanto pode se referir à eleição presidencial de 1945 como à de 1950, já que o brigadeiro concorreu em ambas, mas é mais provável que seja de 1945. Isso porque o samba transmite um clima de entusiasmo e confiança na vitória que não existiu em momento algum da segunda campanha de Eduardo Gomes, destinada mais a "cum-

---

[5] A Constituição de 18 de setembro de 1946 voltou a prever a existência do cargo de vice-presidente da República.

prir tabela" do que a uma disputa real pelo poder. Além disso, o outro lado do disco em que foi gravado o jingle *Salve o brigadeiro* é ocupado por *Asas do Brasil*, composição sobre a aviação brasileira de 1942, data mais próxima de 1945 do que de 1950 (Martins, s.d.).

Salve o brigadeiro
Autor: Carlos Frias
Intérpretes: Coro e orquestra
Gênero: Samba
Gravadora: Gravação especial
Acervo: Franklin Martins (s.d.)

Dom Pedro I gritou,
No Ipiranga, a nossa liberdade.
O povo em torno clamou
Salve, salve, vossa majestade!
Agora outro grito ecoou
Sacudindo o Brasil inteiro.
O povo da rua gritou: oba,
Salve, salve o brigadeiro!
Oooooô, oooooô,
O povo está alegre
Porque o brigadeiro chegou.
Oooooô, oooooô,
Gritando brigadeiro
Nossa tristeza acabou.

Marca discursiva: comparação.
Palavras e expressões-chave: "Salve, salve, vossa majestade!"; "Salve, salve o brigadeiro!"; "a nossa liberdade".
Técnicas publicitárias:
Texto: defesa de uma tese, explicação do produto, "colagem" de uma frase no produto (Barreto, 1982, p. 205).

Recurso motivador: anúncio de narcisismo (Martins, 1997, p. 154).
Esquema básico: técnica de estereótipos, apelo à autoridade, substituição de nomes (Carrascoza, 1999, p. 41).

A marca discursiva do jingle está na comparação do brigadeiro Eduardo Gomes com dom Pedro I, sendo os dois vistos como libertadores da pátria. As frases "Dom Pedro I gritou, no Ipiranga, a nossa liberdade" e "Agora outro grito ecoou" traçam um paralelo entre o homem responsável por libertar a pátria do domínio de Portugal e o homem com a missão de libertar o Brasil da ditadura Vargas. A música usada é um samba bem riscado, que deixa o jingle alegre, com destaque para o coral de cantoras.

JINGLE DE DUTRA

Dutra não teve um jingle realmente expressivo. Sua campanha ficou marcada por uma música de contrapropaganda que, conforme já explicado, corroborava a ideia de que seu oponente era elitista e não precisava do voto dos "marmiteiros".

Marmiteiro
   Autor: Murilo Caldas
   Intérprete: Valdomiro Lobo
   Gênero: Marcha
   Gravadora: Continental – selo 15.584
   Acervo: Discoteca Oneyda Alvarenga – Centro Cultural São Paulo
   Mídia: Acetato – 78 rpm

Marmiteiro, marmiteiro,
Todo mundo grita
Porque lá na minha casa
Só se papa de marmita

Vamos entrar pro cordão dos marmiteiros
E quem não tiver pandeiro
Na marmita vai tocar
E quem não tocar
Quá, quá, quá
Nós vamos cantar, nós vamos cantar

Marca discursiva: convocação.
Palavras e expressões-chave: "vamos entrar"; "vamos cantar"; "só se papa de marmita"; "na marmita vai tocar".
Técnicas publicitárias:
Texto: desdobramento do uso do produto, "colagem" de uma frase no produto (Barreto, 1982, p. 205).
Recurso motivador: anúncio de positividade (Martins, 1997, p. 154).
Esquema básico: criação de inimigos, afirmação e repetição (Carrascoza, 1999, p. 41).

Essa música foi usada como arma de contrapropaganda, de modo a reafirmar a expressão usada com pouca cautela pelo adversário, ou seja, sua estratégia era afirmar e atribuir a ele certas convicções, destacando uma condição comum a grande parcela da população: "porque lá na minha casa só se papa de marmita". As principais expressões convocatórias são: "vamos entrar", "nós vamos cantar", sendo a convocação principal "vamos entrar pro cordão dos marmiteiros". A música é uma alegre marchinha carnavalesca.

COMO FOI A ELEIÇÃO PARA PRESIDENTE EM 1950?

Em 1950 inauguram-se várias fases do uso da propaganda e do marketing em campanhas eleitorais. Getulio Vargas visita em menos de dois meses todas as capitais do país, o Distrito Federal e mais de 50 cidades, estabelecendo uma comunicação direta com os eleitores. Seu sucesso no pleito presidencial de 1950 foi em parte consequência de um cuidadoso trabalho de construção de imagem, realizado por ele desde seu primeiro mandato, tendo como base um bem-sucedido uso do rádio e do cinema. Dessa forma, pode-se afirmar que ações direcionadas a um público-alvo e o uso inteligente dos meios de comunicação foram técnicas fundamentais da estratégia de Vargas. Na campanha de 1950, ele utilizou procedimentos sistemáticos de comunicação e propaganda eleitoral.

A campanha de Vargas também consolidou a realização de grandes excursões pelo país (abrangendo desde os grandes centros até os pequenos vilarejos), o corpo a corpo pelo voto, o envolvimento dos candidatos com os eleitores. O avião se firmou como meio de transporte essencial à caça ao voto, e os candidatos passaram a ser vistos cruzando os céus da pátria tanto em minúsculos teco-tecos como em modernos Super-Convairs.

Além disso, passou-se a contar com a presença do locutor oficial nos comícios, que viria a ser difundida nas eleições posteriores. Esse costume ganhou força quando Getulio Vargas – em 1951, já como presidente – deu ao radialista Dalwan Lima, da cidade de Campos (RJ), o cargo de locutor oficial da presidência.

A campanha de Vargas contou com farto material de propaganda, ressaltando os feitos do candidato em seu primeiro mandato. Várias marchas, hinos e jingles foram compostos, mas a peça que mais marcou a população foi o jingle *Retrato do velho*.

Getulio ganhou com facilidade. Teve 48,7% dos votos, contra 29,6% dados ao brigadeiro e 21,5% a Cristiano Machado.

OS PRINCIPAIS CANDIDATOS

GETULIO VARGAS

O Partido Trabalhista Brasileiro (PTB) e o Partido Social Progressista (PSP) se aliaram para lançar Getulio Vargas como candidato à presidência da República e Café Filho, à vice-presidência. Apoiada por forte esquema eleitoral, a candidatura de Vargas apareceu como imbatível desde o primeiro momento.

Getulio passou a ser visto como o único possível continuador da política trabalhista e industrial prometendo reforçar a base industrial do país e aperfeiçoar a legislação trabalhista. E dizia: "Se eu for eleito [...] no ato da posse o povo subirá comigo as escadarias do Catete. E comigo ficará no governo" – discurso de 12 de agosto de 1950, no estádio do Vasco da Gama, Rio de Janeiro (CPDOC, s.d.).

BRIGADEIRO EDUARDO GOMES

A União Democrática Nacional (UDN) lançou novamente como candidato à presidência da República o brigadeiro Eduardo Gomes, em aliança com o Partido de Representação Popular (PRP), de Plínio Salgado. Sua campanha baseou-se na promessa de consolidação definitiva da democracia no país. Apesar da realização de grandes comícios e do apoio da imprensa, a candidatura de Eduardo Gomes tornou-se impopular devido ao apoio público dos integralistas do PRP.

Data da eleição: 3 de outubro de 1950
Tipo de eleição: Direta
Candidatos à presidência da República: Getulio Vargas (PTB + Partido Social-Democrático Autonomista – PSDA + PSP), Cristiano Machado (PSD) e Eduardo Gomes (UDN + Partido Libertador – PL + PRP).[6]
Candidatos à vice-presidência da República: Café Filho, Altino Arantes Marques e Odilon Braga
Vencedor: Getulio Vargas
Resultado da eleição para presidente da República:
Getulio Vargas: 3.849.000 votos (48,7%)

---

[6] Vitorino Freire, após divergências com o Partido Social-Democrático (PSD), apresentou-se como candidato avulso à presidência da República, pelo Partido Social Trabalhista (PST), no pleito de outubro. Obteve 524.079 votos, sendo o último colocado.

Eduardo Gomes: 29,7% dos votos
Cristiano Machado: 21,5% dos votos
Resultado da eleição para vice-presidente da República:
Eleito: João Fernandes Campos Café Filho

JINGLE DE GETULIO VARGAS

Poucas músicas políticas foram tão cantadas pelo povo quanto o jingle de Getulio, uma marchinha de Haroldo Lobo e Marino Pinto que saudava o retorno do ex-presidente à cena política em 1950, depois de cinco anos de exílio voluntário na fazenda Itu, em São Borja (RS).

"Bota o retrato do velho outra vez,/Bota no mesmo lugar" virou o slogan da campanha para que Getulio retornasse à presidência da República, o que se confirmou quando ele bateu com facilidade o brigadeiro Eduardo Gomes, mais uma vez lançado candidato pela UDN, e Cristiano Machado, lançado e cristianizado pelo PSD.

A partir dessas eleições, "cristianizar", no jargão político brasileiro, passou a ser sinônimo de apoio apenas aparente a um candidato, enquanto, na realidade, os esforços se voltam para a vitória de outro contendor.

Retrato do velho
   Autores: Haroldo Lobo e Marino Pinto
   Intérprete: Francisco Alves, com conjunto regional
   Gênero: Marcha
   Gravadora: Odilon – selo 13.078-A
   Acervo: Discoteca Oneyda Alvarenga – Centro Cultural São Paulo
   Mídia: Acetato – 78 rpm

Bota o retrato do velho outra vez,
Bota no mesmo lugar.

Bota o retrato do velho outra vez,
Bota no mesmo lugar.
O sorriso do velhinho faz a gente trabalhar. (bis)

Eu já botei o meu...
E tu, não vais botar?
Já enfeitei o meu...
E tu, vais enfeitar?
O sorriso do velhinho faz a gente se animar. (bis)

Marca discursiva: afirmação.
Palavras e expressões-chave: "bota"; "no mesmo lugar"; "faz a gente trabalhar".
Técnicas publicitárias:
Texto: particularização, defesa de uma tese e imposição de raciocínio, explicação do produto (Barreto, 1982, p. 207).
Recurso motivador: anúncio de narcisismo (Martins, 1997, p. 154).
Esquema básico: estereótipos, afirmação e repetição (Carrascoza, 1999, p. 41).

A marca discursiva desse jingle é a afirmação de que o melhor para a felicidade do povo seria colocar o "retrato do velho" no mesmo lugar. Essa afirmação faz referência ao retrato do presidente da República que é, ainda hoje, colocado nas repartições públicas e em diversos ambientes de trabalho; a felicidade está expressa em: "O sorriso do velhinho [apelido de Vargas] faz a gente se animar".

JINGLE DO BRIGADEIRO EDUARDO GOMES

Homenagem ao brigadeiro
Autor: Sílvio Caldas
Intérprete: Sílvio Caldas
Gênero: Marcha militar

Gravadora: Gravação especial
Acervo: Associação Brasileira dos Consultores Políticos (ABCOP)
Mídia: CD – mp3

Vem, ó brigadeiro,
Que o povo te espera de braços abertos
Vem, ó brigadeiro,
Da tua vitória estamos bem certos
Vem, ó brigadeiro,
Todo o Brasil do teu nome se ufana
E respeita o herói dos 18 do Forte de Copacabana

Eduardo Gomes,
És democracia
Todo brasileiro
Vê no seu perfil
Eduardo Gomes,
Tu és energia
És a garantia
Do progresso do Brasil

Marca discursiva: ufanismo.
Palavras e expressões-chave: "do teu nome se ufana"; "o herói [...] do Forte de Copacabana"; "tu és energia"; "és a garantia".
Técnicas publicitárias:
Texto: particularização, defesa de uma tese e imposição de um raciocínio, explicação do produto (Barreto, 1982, p. 207).
Recurso motivador: anúncio de narcisismo (Martins, 1997, p. 154).
Esquema básico: estereótipos, afirmação e repetição (Carrascoza, 1999, p. 41).

O ufanismo se apresenta com bastante força nesse jingle, atribuindo a condição de herói nacional ao brigadeiro Eduardo

Gomes. Essa é uma das formas discursivas mais usadas em épocas de comoção nacional, para aumentar a autoestima dos eleitores. O ufanismo é também muito utilizado nas ditaduras. As frases "do teu nome se ufana", "o herói [...] do Forte de Copacabana", "tu és energia", "és a garantia" deixam bem clara a característica principal desse jingle. A música, uma marcha militar típica e bem marcada, própria para heróis e discursos ufanistas, foi gravada por um dos grandes nomes da música radiofônica: Sílvio Caldas.

COMO FOI A ELEIÇÃO PARA PRESIDENTE EM 1955?

O avião, que passou a ser usado como meio de transporte para a caça ao voto nas eleições de 1945, continuou marcando presença nas eleições de 1955. A aventura aérea – frequentemente envolvendo rincões onde os aeroportos eram simples campos de terra – tornou-se mais e mais comum. Porém, a "campanha aérea" de Juscelino teve características peculiares.

Começando em Jataí (GO), onde, em resposta a um popular, comprometeu-se a transferir a capital para Brasília, o candidato da coligação PSD-PTB realizou 293 comícios, fez 1.215 discursos e visitou 274 cidades, perfazendo o total de 382 horas de voo. Juscelino utilizou três aviões durante a campanha, atravessando o país e estabelecendo dois recordes relativos a voos diretos de longa distância: de Manaus a Anápolis e de Belém a Belo Horizonte.

O candidato udenista Juarez Távora, maior adversário de Juscelino nas eleições de 1955, percorreu, ao longo de cem dias, 35 mil quilômetros de avião, trem e automóvel para visitar 315 cidades, a um custo de 15 milhões de cruzeiros.

Fatos curiosos permearam a campanha e as viagens dos candidatos.

Um deles foi a capotagem que o teco-teco que levava o candidato Adhemar de Barros sofreu ao tentar o pouso em uma pista de barro em Jacarezinho, no norte do Paraná. O monomotor acabou embicado na pista com a cauda para o ar, mas o candidato saiu praticamente ileso, apenas com um corte na testa. "Só o peru morre na véspera", declarou Adhemar aos jornais na ocasião do acidente. Depois disso, ainda percorreu 52 mil quilômetros e amargou mais duas panes aéreas: uma em Mato Grosso e outra na Bahia. Mas nem assim venceu as eleições.

O processo eleitoral de 1955 registrou também um acidente envolvendo o candidato integralista Plínio Salgado, que, a caminho de um dos 320 comícios de que participou com o intuito de eleger-se presidente, sofreu uma capotagem de carro (no interior de São Paulo), fraturando o nariz.

OS PRINCIPAIS CANDIDATOS

Em novembro de 1954 foi lançada a candidatura de Juscelino Kubitschek à presidência da República pela coligação PSD-PTB, apoiada pelo Partido Republicano (PR) e pelo PCB, com João Goulart como candidato a vice-presidente. A campanha de JK se baseou no otimismo e na confiança, prometendo o desenvolvimento – "cinquenta anos em cinco". A UDN lançou a chapa que incluía Juarez Távora (presidência) e Milton Campos (vice--presidência), com o apoio dos dissidentes do Partido Social--Democrático (PSD), de Jânio Quadros, do Partido Libertador (PL), do Partido Democrata Cristão (PDC) e do Partido Socialista Brasileiro (PSB). Seu slogan era "a revolução pelo voto". O PSP lançou a candidatura de Adhemar de Barros, enquanto o PRP escolheu Plínio Salgado para o cargo.

Data da eleição: 3 de outubro de 1955
Tipo de eleição: Direta
Candidatos à presidência da República: Juscelino Kubitschek (PSD + PTB), Juarez Távora (UDN + PR, PL, PDC), Adhemar de Barros (PSP + Partido Trabalhista Nacional – PTN, Partido Social Trabalhista – PST) e Plínio Salgado (PRP)

Candidatos à vice-presidência da República: João Goulart, Milton Campos e Danton Coelho
Vencedor: Juscelino Kubitschek
Resultado da eleição para presidente da República:
1º lugar – Juscelino Kubitschek: 3.077.411 votos
2º lugar – Juarez Távora: 2.610.462 votos
3º lugar – Adhemar de Barros: 2.222.223 votos
4º lugar – Plínio Salgado: 714.379 votos
Resultado da eleição para vice-presidente da República:
Eleito: João Goulart (Jango), com aproximadamente 3.600.000 votos (recebendo mais votos que o candidato à presidência, Juscelino)

JINGLE DE JUSCELINO

Juscelino é o homem
Autor: Gervásio Horta
Gênero: Marchinha
Acervo: Associação Brasileira dos Consultores Políticos (ABCOP)
Mídia: CD – mp3

Gigante pela própria natureza
Há 400 anos a dormir
São 21 estados sob os filhos a chamar
Acorda, vem lutar, vamos trabalhar
Queremos demonstrar ao mundo inteiro
E a todos que nos querem dominar
Que o Brasil pertence aos brasileiros
Um homem vai surgir
Para trabalhar
Aparece como estrela radiosa
Neste céu azul de anil
O seu nome é uma bandeira gloriosa
Pra salvar esse Brasil

Juscelino Kubitschek é o homem
Vem de Minas, das bateias do sertão
Juscelino, Juscelino é o homem
Que além de patriota é nosso irmão
Brasil, vamos para as urnas
Povo democrata, gente varonil
Juscelino, Juscelino, Juscelino,
Para presidente do Brasil

Marca discursiva: afirmação.
Palavras e expressões-chave: "um homem vai surgir para trabalhar"; "é o homem"; "pra salvar esse Brasil"; "o seu nome é"; "aparece como estrela radiosa".
Técnicas publicitárias:
Texto: defesa de uma tese, imposição de um raciocínio, informação (Barreto, 1982, p. 205).
Recurso motivador: anúncio de positividade (Martins, 1997, p. 154).
Esquema básico: técnica de afirmação e repetição (Carrascoza, 1999, p. 41).

A marca discursiva desse jingle é a afirmação, como observamos nas expressões-chave "um homem vai surgir para trabalhar", "Juscelino é o homem" e "o seu nome é". A ideia era mostrar que Juscelino era a pessoa certa e indicada para a presidência do Brasil. A música que acompanha essa letra é uma marchinha alegre e típica das décadas de 1940 e 1950 (período que contou com várias marchinhas de sucesso, como *Atire a primeira pedra*, interpretada por Orlando Silva, e *Daqui não saio*, interpretada pelos Vocalistas Tropicais).

JINGLE DE ADHEMAR

Adhemar (Hip, hip, hurra)
Autor: Lula Vieira
Acervo: Associação Brasileira dos Consultores Políticos (ABCOP)
Mídia: CD – mp3

Hip, hip, hurra
Hip, hip, hurra (2×)

Hip, hip, hurra
Vamos todos saudar Adhemar
Hip, hip, hurra
Que o nosso país vai governar

Hip, hip, hurra
Esse é o braço varonil
Que ecoa pelos céus do Brasil
E com coro nós vamos saudar
Hip, hip, hurra
Adhemar, Adhemar, Adhemar

Marca discursiva: afirmação.
Palavras e expressões-chave: "que o nosso país vai governar"; "esse é o braço varonil".
Técnicas publicitárias:
Texto: imposição de um raciocínio, termos quentes (Barreto, 1982, p. 205).
Recurso motivador: anúncio de positividade (Martins, 1997, p. 154).
Esquema básico: técnica de afirmação e repetição (Carrascoza, 1999, p. 41).

A marca discursiva desse jingle é a afirmação, como observamos nas expressões-chave "que o nosso país vai governar" e "esse é o braço varonil que ecoa pelos céus do Brasil". O propósito era dar a eleição de Adhemar como certa ("que o nosso país vai governar"), atribuindo o sentido de realidade a uma pretensão. A música, bem como a expressão "hip, hip, hurra", seria muito usada em campos de futebol e eventos nacionalistas.

COMO FOI A ELEIÇÃO PARA PRESIDENTE EM 1960?

Em meio a uma conjuntura inflacionária e de rápidas recomposições no quadro político, no final do ano de 1959 começa a campanha eleitoral para a sucessão de Juscelino Kubitschek.

Foi difícil encontrar um candidato entre os governistas. Matreiramente, JK chegou a cogitar a candidatura de um udenista, o cearense Juraci Magalhães, então governador da Bahia. Seria uma maneira de criar alternância, quebrando o domínio do PSD e do PTB, que se estendia desde a eleição de Getulio Vargas, em 1950. Para JK, seria mais fácil voltar como candidato da oposição em 1965. A candidatura de Juraci seria uma forma, também, de garantir a ele um pós-governo com menos perseguições da UDN, já que, de acordo com sua estratégia, o ocupante do Palácio do Planalto seria um udenista. A ideia, porém, não prosperou.

A eleição de 1960 ficou marcada por uma novidade introduzida por Jânio, que acabou conquistando uma vitória esmagadora: o Trem da Vitória, que percorreu São Paulo de ponta a ponta com o candidato a bordo. Em cada estação do estado, que já era, então, o maior colégio eleitoral do país, o trem parava e o candidato realizava um minicomício, empolgando as multidões. A disputa de 1960 também se notabilizou pela participação da televisão – ainda que de forma tímida, como ocorrera com o rádio em 1929 –, além de contar com grande variedade de itens de propaganda eleitoral, algo que influenciaria os pleitos da idade eleitoral moderna: cartazes coloridos, faixas, inúmeros objetos de campanha (escudos, vassouras, espadas, botões etc.).

No que diz respeito aos jingles políticos, a campanha do candidato à vice-presidência, João Goulart, do PTB, deu origem à mais célebre e popular marchinha eleitoral da história do Brasil, interpretada pelo sambista Jorge Veiga. Mas o jingle de Jânio, na voz do cantor Alcides Gerardi, não ficava atrás, e também se popularizou rapidamente. Ambos os candidatos foram eleitos, ficando provada a eficiência do marketing eleitoral nas campanhas modernas com participação decisiva da mídia eletrônica. A utilização da vassoura como símbolo da campanha de Jânio Quadros, que acabou eleito, mostrou aos políticos que, a partir daquele momento, além de plataforma de governo, repertório de promessas e qualidades pessoais, eles teriam de contar com um novo aliado, fundamental para a conquista do voto: o profissional de propaganda e marketing.

Um dos casos mais pitorescos da história da política brasileira é o do jingle de Adhemar de Barros nessas eleições de 1960. Por ter sofrido uma acusação de uso de "dinheiro não contabilizado", ele produziu o jingle *A caixinha do Adhemar*.

OS PRINCIPAIS CANDIDATOS

JÂNIO QUADROS/ADHEMAR DE BARROS

A primeira candidatura a se firmar foi a de Jânio Quadros, com o apoio da União Democrática Nacional (UDN). Fiel a seu estilo, em certo momento o ex-governador paulista renunciou à disputa – o que provocou o levante militar de Aragarças –, voltando atrás dias depois. A campanha da "Vassourinha" prometia varrer a corrupção do país.

Desafeto de Jânio, o então prefeito de São Paulo, Adhemar de Barros, lançou-se outra vez na disputa pela presidência pelo Partido Social Progressista (PSP).

MARECHAL HENRIQUE LOTT

Aos poucos, consolidou-se a candidatura do ministro da Guerra, marechal Henrique Lott. O Partido Social-Democrático (PSD) aprovou com tranquilidade a indicação do homem que garantira a posse de Juscelino, mas no Partido Trabalhista Brasileiro (PTB) houve certa resistência, pois Leonel Brizola defendia a escolha de um nome "popular e nacionalista" para encabeçar a chapa do governo, na qual o candidato à vice-presidência seria, outra vez, João Goulart. O próprio Goulart apostou no marechal Lott – cujo símbolo de campanha seria uma espada, contra a vassoura com que Jânio prometia "varrer a bandalheira".

Data da eleição: 3 de outubro de 1960.
Tipo de eleição: Direta.
Candidatos à presidência da República: Jânio Quadros (Partido Democrata Cristão – PDC + UDN), Henrique Teixeira Lott (PSD + PTB) e Adhemar de Barros (PSP)
Candidatos à vice-presidência da República: Milton Campos, João Goulart e Fernando Ferrari
Vencedor: Jânio Quadros
Resultado da eleição para presidente da República:
1º lugar – Jânio Quadros: 5.636.623 votos (48%)
2º lugar – marechal Teixeira Lott: 3.846.825 (32%)
3º lugar – Adhemar de Barros: 2.195.709 (20%)
Resultado da eleição para vice-presidente da República:
João Goulart: 4.547.000 votos
Milton Campos: 4.237.000 votos
Fernando Ferrari: 2.137.000 votos

JINGLE DE JÂNIO QUADROS

Varre, varre, Vassourinha
Autor: Antonio Almeida
Intérprete: Alcides Gerardi

Gênero: Marcha carnavalesca
Gravadora: Columbia – selo CB 11090 – 1958
Acervo: Discoteca Oneyda Alvarenga – Centro Cultural São Paulo
Mídia: Acetato – 78 rpm

Varre, varre, varre, varre
Varre, varre, Vassourinha
Varre, varre a bandalheira
Que o povo já está cansado
De sofrer dessa maneira
Jânio Quadros é esperança
Desse povo abandonado
Jânio Quadros é a certeza
De um Brasil organizado
Alerta, meu irmão
Vassoura, conterrâneo
Xi, xi, xi
Vamos vencer com Jânio

Marca discursiva: mudança.
Palavras e expressões-chave: "varre a bandalheira"; "o povo já está cansado de sofrer"; "é esperança"; "é a certeza de um Brasil organizado"; "vamos vencer com Jânio".
Técnicas publicitárias:
Texto: explicação do produto, "colagem" de uma frase no produto (Barreto, 1982, p. 205).
Recurso motivador: anúncio de novidade (Martins, 1997, p. 154).
Esquema básico: estereótipos, afirmação e repetição (Carrascoza, 1999, p. 41).

A marca discursiva desse jingle é a mudança, observada nas expressões "varre a bandalheira" (mudar o que se apresenta), "povo [...] cansado de sofrer" (mudar o estado de sofrimento), "é esperança" (de mudança para melhor). Jânio se apresenta como o promotor da mudança da situação do país, como alguém disposto a varrer tudo de errado para fora da política. A música que acompanha essa letra é uma marchinha de carnaval bem marcada.

JINGLE DE ADHEMAR DE BARROS

A caixinha do Adhemar
Autores: Benedito Lacerda e Herivelto Martins
Intérprete: Quincas Gonçalves (pseudônimo de Nelson Gonçalves), com a Orquestra Carioca
Gênero: Marcha
Gravadora: Propago – selo P 472
Lado: A
Acervo: José Ramos Tinhorão
Mídia: Acetato – 78 rpm

Quem não conhece
Quem não ouviu falar
Na famosa caixinha do Adhemar
Que deu livro, deu remédio, deu estrada
Caixinha abençoada
Já se comenta de norte a sul
Com Adhemar tá tudo azul

Deixa falar toda essa gente maldizente
Deixa quem quiser falar
Essa gente que não tem o que fazer
Faz discursos mas não cumpre seu dever
Enquanto eles engordam tubarões
A caixinha defende o bem-estar de milhões

Marca discursiva: mudança.
Palavras e expressões-chave: "[a caixinha] que deu livro, deu remédio, deu estrada"; "caixinha abençoada"; "deixa falar toda essa gente maldizente"; "a caixinha defende o bem-estar de milhões".
Técnicas publicitárias:
Texto: defesa de uma tese, imposição de um raciocínio, particularização, explicação do produto, prestação de serviços (Barreto, 1982, p. 205).
Recurso motivador: anúncio de positividade (Martins, 1997, p. 154).
Esquema básico: estereótipos (Carrascoza, 1999, p. 41).

A marca discursiva desse jingle é a tentativa de mudança de conceito em relação à famosa caixinha do Adhemar, até aquele momento entendida como símbolo de propina recebida pelo então governador de São Paulo em obras do estado. A letra tenta fazer que a "caixinha" passe a significar uma coisa muito boa, responsável pela prestação de grandes serviços ao povo ("deu livro, deu remédio, deu estrada"; "caixinha abençoada"). O jingle anuncia que a caixinha é algo muito positivo para o povo, usando o estereótipo da ação em defesa de milhões. A música que acompanha essa letra é uma marchinha despretensiosa de carnaval, ao estilo de *Estrela-d'alva*.

JINGLE DO MARECHAL LOTT

Autor: Ivanildo Rafael
Intérprete: Bando do 14º RI
Gênero: Marcha
Gravadora: Mocambo – selo 15.281
Acervo: Discoteca Oneyda Alvarenga – Centro Cultural São Paulo
Mídia: Acetato – 78 rpm

De leste a oeste,
De sul a norte,
Na terra brasileira,
É uma bandeira
O marechal Teixeira Lott.

Marca discursiva: ufanismo.
Palavras e expressões-chave: "é uma bandeira"; "na terra brasileira".
Técnicas publicitárias:
Texto: particularização, defesa de uma tese e imposição de raciocínio, explicação do produto (Barreto, 1982, p. 207).
Recurso motivador: anúncio de narcisismo (Martins, 1997, p. 154).
Esquema básico: estereótipos, afirmação e repetição (Carrascoza, 1999, p. 41).

O ufanismo se apresenta nesse jingle em forma de apelo nacionalista ("é uma bandeira"), levando o candidato à condição de representante maior do país. Essa forma discursiva é usada nessa situação para lembrar que o marechal Lott foi quem garantiu a posse de Juscelino, tornando-se, assim, um arauto da constitucionalidade. A música, uma marcha, remete ao candidato por seu aspecto militar.

JINGLE DE JOÃO GOULART (JANGO)

Jangar
　Autor: Miguel Gustavo
　Intérpretes: Diversos (Elizeth Cardoso, Ivon Cury, César de Alencar, entre outros)
　Gênero: Marcha carnavalesca
　Acervo: Associação Brasileira dos Consultores Políticos (ABCOP)
　Mídia: CD – mp3

Na hora de votar,
O meu Rio Grande vai jangar:
É Jango, é Jango, é o Jango Goulart.
Pra vice-presidente,
Nossa gente vai jangar:
É Jango, Jango, é o João Goulart.

Marca discursiva: afirmação.
Palavras e expressões-chave: "vai jangar"; "é Jango, é Jango, é o Jango Goulart".
Técnicas publicitárias:
Texto: "colagem" de uma frase no produto, trocadilhos (Barreto, 1982, p. 205).
Recurso motivador: anúncio de positividade (Martins, 1997, p. 154).
Esquema básico: afirmação e repetição (Carrascoza, 1999, p. 41).

A marca discursiva do jingle é a afirmação, bem acentuada nas expressões-chave "vai jangar" e "é Jango".

Esse jingle foi feito de forma a permitir que cada cantor que o interpretasse inserisse seu estado de nascimento na música; por exemplo, Ivon Cury cantava: "Na hora de votar/Quem é mineiro vai jangar". A letra cria um novo verbo ("jangar"), usando, para isso, o apelido do candidato à vice-presidência (Jango). A música que acompanha essa letra é uma marchinha de carnaval.

Lembramos que, nessas eleições, os votos para presidente e vice foram dados separadamente. Os eleitores podiam votar, para presidente e vice-presidente, em candidatos de partidos ou coligações diferentes. O candidato à vice-presidência apoiado por Jânio era Milton Campos, enquanto Jango era apoiado por Lott. Porém, no final, a dobradinha vencedora foi Jânio e Jango (Jan-Jan).

COMO FOI A ELEIÇÃO PARA PRESIDENTE EM 1989?

O ano de 1989 foi muito importante para a história das eleições no Brasil. Depois de 21 anos de ditadura militar, seguida do mandato (com duração de cinco anos) do presidente José Sarney, que substituiu Tancredo Neves, eleito pelo Colégio Eleitoral, em 1989 o país retomou as eleições presidenciais diretas – a última eleição desse tipo ocorrera em 1960. Milhões de brasileiros finalmente tiveram a oportunidade de eleger o seu presidente.

A eleição presidencial teve 23 candidatos no primeiro turno, representando uma grande variedade de partidos políticos. Os dois candidatos mais votados foram Fernando Collor de Mello e Luiz Inácio Lula da Silva, que se enfrentaram no segundo turno.

Nesse pleito, houve intensa participação dos meios de comunicação, principalmente a TV, que teve papel fundamental na formatação da propaganda e do marketing das campanhas eleitorais. Fernando Collor foi o primeiro, dentre os candidatos, a explorar a televisão de forma criativa, usando recursos de computação gráfica até então desconhecidos no país.

No que diz respeito à campanha de Lula, tornou-se lugar--comum a afirmação de que o candidato perdeu a disputa devido a três "factoides" (fatos artificialmente produzidos pela mídia): a acusação feita em entrevista pela ex-namorada Mirian Cordeiro, segundo a qual ele a teria incentivado a abortar; as insinuações de que os sequestradores do empresário Abílio Diniz teriam ligação com o PT; e a polêmica edição do último debate presidencial feita pelo *Jornal Nacional*.

OS PRINCIPAIS CANDIDATOS
FERNANDO COLLOR

Fernando Collor (Partido da Renovação Nacional – PRN) era o governador de Alagoas. Quando comunicou, em janeiro de 1989, que seria candidato à presidência da República e seu partido seria o PRN, praticamente uma sigla fantasma, o anúncio soou como um blefe até para os políticos mais experientes. Ele estaria apenas tentando atrair atenção para o próprio nome a fim de, quem sabe, credenciar-se a uma vaga como candidato a vice numa chapa qualquer. Quando Collor chegou, apenas dois meses depois, ao terceiro lugar nas pesquisas, com a preferência de 7% do eleitorado, sua candidatura ainda era vista com desconfiança. Em junho, ele alcançou o patamar de 45% das intenções de voto, e ainda assim os olhares desconfiados não cessaram. O problema era que a realidade parecia estranha demais para ser verdadeira ("Uma ideia que deu certo", 1989).

Collor ganhou destaque dizendo que acabaria com os marajás, que era o candidato dos descamisados, sendo declaradamente de ideologia direitista. Com o auxílio de uma campanha milionária, virou fenômeno eleitoral.

LULA

No caso da candidatura de Lula, diversas técnicas de marketing político foram ignoradas. Com um discurso totalmente de esquerda e a imagem de um revolucionário, Lula assustou a população, que, mesmo assim, o levou ao segundo turno, com uma diferença muito pequena de votos em relação a Leonel Brizola.

Frases como "A reforma agrária está para nós assim como o oxigênio está para a humanidade" e "Eu quero que seja cumprido o salário mínimo que está contido aqui" (dita enquanto segurava a Constituição de 1988) faziam parte de seus discursos e apresentações na TV.

Um estudo feito por Noelle Oliveira, publicado no *Jornal--Laboratório da UnB* em 27 de maio de 2006, fez a seguinte análise acerca da imagem transmitida por Lula:

> O estudo das imagens de Lula de 1989 propõe a personificação de um personagem franzino, preocupado e com uma ligação popular presente. Porém, tal caracterização não condiz de maneira eficiente com a de alguém que almeje ocupar um cargo com a importância da Presidência da República de um país.

Seja pela preparação não adequada da imagem do candidato, por parte de sua assessoria de marketing, seja pela edição de fotografias feita pela revista *Veja*, nota-se que o retratado e passado ao público não era condizente com os objetivos almejados por Lula enquanto candidato à Presidência.

Das 29 fotos (do ano de 1989) analisadas, apenas em 41% Lula aparece de terno. Outro ponto de destaque é que nesses retratos, na maioria das vezes, Lula aparece com a camisa aberta e para fora das calças, o que transmite a ideia de descompostura e a imagem de alguém pouco preparado.

Outro fator a ser considerado é que, em quase 76% das fotos, a expressão de Lula é fechada, indicando preocupação. Isso culminou na propagação de uma imagem "carregada" do candidato, que lhe dava um ar de radicalismo e ativismo irado. Também contribuíram para a constituição dessa imagem a barba e os cabelos vastos; a opção por essa aparência revela um trabalho imagético deficiente por parte de sua assessoria pessoal.

Datas da eleição:
Primeiro turno: 15 de novembro de 1989
Segundo turno: 17 de dezembro de 1989
Tipo de eleição: Direta
Candidatos à presidência da República: Fernando Collor de Mello (Partido da Renovação Nacional – PRN/Partido Social Cristão – PSC), Luiz Inácio Lula da Silva (Partido dos Trabalhadores – PT/Partido Socialista Brasileiro – PSB/Partido Comunista do Brasil – PCdoB), Leonel de Moura Brizola (Partido Democrático Trabalhista – PDT), Mário Covas Júnior (Partido da Social-Democracia Brasileira – PSDB), Paulo Salim Maluf (Partido Democrático Social – PDS), Guilherme Afif Domingos (Partido Liberal – PL/Partido Democrata Cristão – PDC), Ulysses Guimarães (Partido do Movimento Democrático Brasileiro – PMDB), Roberto Freire (Partido Comunista Brasileiro – PCB),

Aureliano Chaves (Partido da Frente Liberal – PFL), Ronaldo Caiado (Partido Social-Democrático – PSD), Affonso Camargo (Partido Trabalhista Brasileiro – PTB), Enéas Carneiro (Partido da Reedificação da Ordem Nacional – Prona), José Alcides Marronzinho de Oliveira (Partido Social Progressista – PSP), Paulo Gontijo (Partido Progressista – PP), Zamir José Teixeira (Partido Comunitário Nacional – PCN), Lívia Maria de Abreu (Partido Nacionalista – PN), Eudes Mattar (Partido Liberal Progressista – PLP), Fernando Gabeira (Partido Verde – PV), Celso Brant (Partido da Mobilização Nacional – PMN), Antônio Pedreira (Partido do Povo Brasileiro – PPB) e Manuel Horta (Partido Democrata Cristão do Brasil – PDCdoB)
Candidaturas anuladas: Armando Corrêa (Partido Municipalista Brasileiro – PMB) e Silvio Santos (PMB)
Candidatos à vice-presidência da República:
Itamar Franco e José Paulo Bisol
Vencedor: Fernando Collor de Mello
Resultado da eleição para presidente da República:
Primeiro turno:
1º lugar – Fernando Collor de Mello: 20.607.936 votos
2º lugar – Luiz Inácio Lula da Silva: 11.619.816 votos
3º lugar – Leonel de Moura Brizola: 11.166.016 votos
4º lugar – Mário Covas Júnior: 7.786.939 votos
5º lugar – Paulo Salim Maluf: 5.986.012 votos
6º lugar – Guilherme Afif Domingos: 3.271.986 votos
7º lugar – Ulysses Guimarães: 3.204.853 votos
8º lugar – Roberto Freire: 768.803 votos
9º lugar – Aureliano Chaves: 600.730 votos
10º lugar – Ronaldo Caiado: 488.872 votos
11º lugar – Affonso Camargo: 379.262 votos
12º lugar – Enéas Carneiro: 360.574 votos
13º lugar – José Alcides Marronzinho de Oliveira: 238.379 votos
14º lugar – Paulo Gontijo: 198.708 votos
15º lugar – Zamir José Teixeira: 187.160 votos

16º lugar – Lívia Maria de Abreu: 179.896 votos
17º lugar – Eudes Mattar: 162.336 votos
18º lugar – Fernando Gabeira: 125.785 votos
19º lugar – Celso Brant: 109.894 votos
20º lugar – Antônio Pedreira: 86.100 votos
21º lugar – Manuel Horta: 83.280 votos
Segundo turno:
1º lugar – Fernando Collor de Mello: 35.089.998 votos
2º lugar – Luiz Inácio Lula da Silva: 31.076.364 votos
Resultado da eleição para vice-presidente da República:
Eleito: Itamar Franco

JINGLE DE FERNANDO COLLOR DE MELLO

Brasil vai colorir
Autor: Carlinhos Borba Gato
Gênero: Valsa
Gravadora: Abril Cultural
Título do CD: Os 20 maiores jingles políticos de todos os tempos
Acervo: Associação Brasileira dos Consultores Políticos (ABCOP)

O Brasil precisa
De um sangue novo
O Brasil precisa
De gente que sabe
O que deseja o povo

O Brasil precisa
De Fernando Collor
Trabalho de verdade
Justiça e igualdade

Vai – colorir o Brasil
Vai – o país todo
Vai – colorir pra mudar

O povo precisa
De um Brasil novo
O Brasil precisa
De gente que vive
Do lado do povo

O Brasil precisa
De Fernando Collor
Garra e vontade
O Brasil precisa
De quem vai à luta
De inteligência e não de força bruta

Vai – colorir o Brasil
Vai – o país todo
Vai – colorir pra mudar

Marca discursiva: mudança.
Palavras e expressões-chave: "o Brasil precisa"; "de gente que sabe o que deseja o povo"; "de gente que vive do lado do povo"; "de quem vai à luta"; "de inteligência e não de força bruta".
Técnicas publicitárias:
Texto: desdobramento do uso do produto, defesa de uma tese, "colagem" de uma frase no produto (Barreto, 1982, p. 205).
Recurso motivador: anúncio de narcisismo (Martins, 1997, p. 154).
Esquema básico: técnica de afirmação e repetição (Carrascoza, 1999, p. 41).

A marca discursiva desse jingle é a mudança, como observamos nas expressões-chave "de gente que sabe o que deseja o povo" (os que estão no poder não sabem), "o Brasil precisa" (ele não tem), "de gente que vive do lado do povo" (os que estão no poder não vivem), "de inteligência e não de força bruta" (os que estão no poder usam a força bruta contra o povo). Collor é retratado como a pessoa que faria que tudo mudasse, e para muito melhor, atendendo às expectativas da população com essa mudança. A música de acompanhamento é uma espécie de valsa, com melodia serena, enfatizando a letra e tornando a peça bastante emocional.

JINGLE DE LULA

Lula lá
  Autor: Hilton Acioli
  Gênero: Valsa
  Gravadora: Abril Cultural
  Título do CD: Os 20 maiores jingles políticos de todos os tempos
  Acervo: Associação Brasileira dos Consultores Políticos (ABCOP)

Olê, olê, olê, olá, Lulá, Lulá (gritos)
Olê, olê, olê, olá, Lulá, Lulá (gritos)
Sem medo de ser, sem medo de ser, sem medo de ser feliz
Sem medo de ser, sem medo de ser, sem medo de ser feliz
Lula lá, brilha uma estrela
Lula lá, cresce a esperança
Sem medo de ser, sem medo de ser, sem medo de ser feliz
Lula lá, com sinceridade
Lula lá, com toda a certeza
Sem medo de ser, sem medo de ser, sem medo de ser feliz
Olê, olê, olê, olá, Lulá, Lulá
Olê, olê, olê, olá, Lulá, Lula lá
Lula lá, é a gente junto

> *Lula lá, brilha uma estrela*
> *Sem medo de ser feliz*
> *Olê, olê, olê, olá, Lulá, Lulá*
> *Olê, olê, olê, olá, Lulá, Lulá lá (4× cantando e 4× gritando)*

Marca discursiva: afirmação.
Palavras e expressões-chave: "sem medo de ser feliz"; "brilha uma estrela"; "cresce a esperança"; "com sinceridade"; "com toda a certeza"; "é a gente junto".
Técnicas publicitárias:
Texto: humanização, desdobramento do uso do produto, "colagem" de uma frase no produto (Barreto, 1982, p. 205).
Recurso motivador: anúncio de onirismo (Martins, 1997, p. 154).
Esquema básico: estereótipos (Carrascoza, 1999, p. 41).

A marca discursiva desse jingle é a afirmação, como observamos nas expressões-chave "sem medo de ser feliz", "cresce a esperança", "brilha uma estrela", "com sinceridade", "com toda a certeza", "é a gente junto". A ideia a ser passada era a da certeza de que com Lula se faria um Brasil melhor; tentou-se, também, combater o medo, percebido na população, em relação ao voto no PT. Como ferramentas, o jingle usa a idealização e estereótipos de justiça social.

COMO FOI A ELEIÇÃO PARA PRESIDENTE EM 1994?

Em 1994, ocorre a segunda eleição direta após o regime militar. O impeachment do presidente Collor de Mello, em 1992, havia colocado Itamar Franco, seu vice, na presidência da República.

No ano anterior às eleições, Fernando Henrique Cardoso assumiu o Ministério da Fazenda e, junto com o presidente, implantou o Plano Real, que estabilizou a economia e conseguiu deter a inflação, até então galopante. Assim, FHC tornou-se o "pai do real", o que viabilizou sua candidatura à presidência da República.

Sua campanha girou em torno da preservação do real. Já o candidato Lula participou, a partir de 1993, da Caravana da Cidadania, colhendo imagens de um Brasil que poucos conhecem com o intuito de mostrar, em seu programa eleitoral na TV, as mazelas do país. No entanto, a exibição de imagens externas na propaganda política foi proibida pelo Tribunal Superior Eleitoral, o que pôs fim às pretensões do candidato.

OS PRINCIPAIS CANDIDATOS

FERNANDO HENRIQUE CARDOSO

Cientista social, exilado político, voltou ao país com a anistia e se filiou ao Movimento Democrático Brasileiro (MDB) para participar da luta democrática contra a ditadura; sua ascensão ao Senado, onde se tornou suplente de Franco Montoro, fez dele um dos líderes do partido. Candidato a prefeito de São Paulo em 1985, perdeu para Jânio Quadros porque menosprezou as técnicas de marketing político e propaganda eleitoral.

A entrada de FHC no Ministério da Fazenda, após ser convidado por Itamar Franco, colocou-o em evidência na mídia. Como autor do Plano Real, que estabilizou a economia, teve sua imagem superexposta.

Já como candidato, FHC tornou-se Fernando Henrique. Para superar o desconhecimento de uma parcela significativa do eleitorado, cercou-se de uma equipe de marketing político e eleitoral, contando, inclusive, com assessoria de especialistas estrangeiros. Um dos pontos curiosos da campanha foi ter aceitado subir em um cavalo de vaqueiro no Nordeste e se deixar fotografar. Sua intenção era quebrar a imagem de elitista, a mesma que o levou a declarar que tinha "um pé na cozinha".

Simultaneamente, buscou acordos políticos, destacando-se a aliança feita com o PFL.

LULA

O Lula de 1994 apresentou-se como adversário de FHC e, consequentemente, do Plano Real. Ele atacou o plano de forma veemente naquele ano, afirmando que era eleitoreiro e ter sido formulado apenas para eleger FHC.

Datas da eleição:
Primeiro turno: 3 de outubro de 1994
Segundo turno: Não realizado
Tipo de eleição: Direta
Candidatos à presidência da República: Fernando Henrique Cardoso (PSDB/PFL/PTB), Luiz Inácio Lula da Silva (PT/PSB/PCdoB/PCB/Partido Socialista dos Trabalhadores Unificados – PSTU/Partido Popular Sindicalista – PPS), Enéas Ferreira Carneiro (Prona), Orestes Quércia (PMDB), Leonel de Moura Brizola (PDT), Espiridião Amin (Partido Progressista Renovador – PPR), Carlos Antônio Gomes (PRN) e brigadeiro Hernani Fortuna (PSC)
Candidatura anulada: Walter Queirós (PRN)
Principais candidatos à vice-presidência da República: Marco Maciel e Aloizio Mercadante
Vencedor: Fernando Henrique Cardoso
Resultado da eleição para presidente da República:
1º lugar – Fernando Henrique Cardoso: 34.364.961 votos (54,27%)
2º lugar – Luiz Inácio Lula da Silva: 17.122.127 votos (27,04%)
3º lugar – Enéas Ferreira Carneiro: 4.671.457 votos (7,38%)
4º lugar – Orestes Quércia: 2.772.121 votos (4,38%)
5º lugar – Leonel de Moura Brizola: 2.015.836 votos (3,18%)
6º lugar – Espiridião Amin: 1.739.894 votos (2,75%)
7º lugar – Carlos Antônio Gomes: 387.738 votos (0,61%)
8º lugar – brigadeiro Hernani Fortuna: 238.197 votos (0,38%)
Resultado da eleição para vice-presidente da República:
Eleito: Marco Maciel

JINGLE DE FERNANDO HENRIQUE CARDOSO

Levanta a mão
Autores: Sergio Mineiro, Sérgio Campanelli, César Brunetti e Mauricio Novaes (MCR)
Intérprete: Dominguinhos
Gênero: Xote
Gravadora: Abril Cultural
Título do CD: Os 20 maiores jingles políticos de todos os tempos
Acervo: Associação Brasileira dos Consultores Políticos (ABCOP)

Tá na sua mão, na minha mão
Na mão da gente
Fazer de Fernando Henrique
Nosso presidente

Tá na sua mão, na minha mão
Na mão da gente
O Brasil precisa muito
Da força da gente

Levante a mão
Levante a mão
Fernando Henrique é o Brasil que vai vencer (bis)

Marca discursiva: afirmação.
Palavras e expressões-chave: "tá na sua mão"; "na minha mão"; "o Brasil precisa"; "o Brasil que vai vencer".
Técnicas publicitárias:
Texto: "fazer o cara viver o drama", testemunhal ("na minha mão") (Barreto, 1982, p. 205).
Recurso motivador: anúncio de onirismo (Martins, 1997, p. 154).

Esquema básico: técnica de afirmação e repetição (Carrascoza, 1999, p. 41).

A marca discursiva desse jingle é a afirmação, como observamos nas expressões-chave "tá na sua mão", "na minha mão", "na mão da gente". O jingle é usado para, além de chamar a atenção, mostrar que a decisão quanto a quem será o próximo presidente da República está nas mãos do povo. A humildade, nesse sentido, e a persuasão aparecem na afirmação de que "é o Brasil que vai vencer".

JINGLE DE LULA

Lula Brasil
Autor: Flávio Augusto (Compasso)
Gênero: Valsa
Gravadora: Abril Cultural
Título do CD: Os 20 maiores jingles políticos de todos os tempos
Acervo: Associação Brasileira dos Consultores Políticos (ABCOP)

Lula lá
Com sinceridade
Lula lá
Com toda a certeza

Gente nas praças, nas ruas
E assim vai valer a pena
Uma estrela serena
Clareando caminhos

Se aprende vivendo a vida
Ouvindo o que a vida diz
Pra fazer com vontade
De verdade um novo país
De verdade será meu país

Lula lá
É a gente junto
Lula lá
Valeu a espera
Lula lá
Lula lá, Brasil, vem
Pra fazer
Brilhar nossa estrela

Marca discursiva: afirmação.
Palavras e expressões-chave: "com sinceridade"; "com toda a certeza"; "valeu a espera"; "pra fazer com vontade".
Técnicas publicitárias:
Texto: humanização, "colagem" de uma frase no produto (Barreto, 1982, p. 205).
Recurso motivador: anúncio de hedonismo (Martins, 1997, p. 154).
Esquema básico: estereótipos, afirmação e repetição (Carrascoza, 1999, p. 41).

A marca discursiva desse jingle é a afirmação, como observamos nas expressões-chave "com sinceridade", "com toda a certeza". O objetivo é despertar na população um sentimento de prazer, o prazer de ver como seria o país se fosse governado por Lula. A música que acompanha essa letra, uma espécie de valsa, é melodiosa e proporciona uma forte carga emocional, acompanhando a moda dos ritmos que levam a uma dança com os braços levantados (estilo sertanejo romântico).

COMO FOI A ELEIÇÃO PARA PRESIDENTE EM 1998?

Em 1998 houve o primeiro caso de reeleição presidencial no Brasil. Foi um pleito morno, pois reinava um ambiente plebiscitário, e não eleitoral. A questão central das discussões era: a situação do país favorece a população ou não? "Se a situação estiver boa, o presidente deve continuar; se estiver ruim, mudar." O Plano Real trouxe certa estabilidade econômica para o povo, que vivera por muito tempo as mazelas de uma inflação alta, com efeito corrosivo sobre os salários.

Posições ideológicas, personalidades e propostas de governo à parte, as pessoas se faziam uma pergunta muito simples: a minha vida melhorou ou piorou nos últimos quatro anos? Ainda surfando nas boas ondas do Plano Real, não foi difícil para o então presidente FHC conquistar mais quatro anos de mandato, após convencer o eleitorado de que seria melhor não arriscar.

A oposição não se apercebeu da discussão plebiscitária que tomou conta do pleito, tentando discutir questões por meio de um enfoque eleitoral. A eleição foi decidida no primeiro turno.

OS PRINCIPAIS CANDIDATOS

FERNANDO HENRIQUE CARDOSO

FHC conseguiu, em sua campanha anterior, o apoio total do PSDB, do PFL, do PTB, do Partido Progressista Brasileiro (PPB, atual PP) e de parte do PMDB, mantendo essas parcerias em sua reeleição, o que permitiu que o Brasil experimentasse relativa estabilidade política nesse período.

Ele se apresentou ao eleitorado como sendo o único a acreditar no Plano Real, tornando-se, por isso, a pessoa mais indicada para dar continuidade à estabilidade conquistada.

LULA

Desta vez, o candidato do PT foi derrotado pela crise econômica internacional e pelo pacto da reeleição – ou seja, a união entre a presidência, os governadores e os partidos da situação, com o intuito de garantir sua continuidade no poder por mais quatro anos. Lula apresentou-se como representante da oposição, e pagou o preço por isso.

Datas da eleição:
Primeiro turno: 4 de outubro de 1998
Segundo turno: Não realizado
Tipo de eleição: Direta
Candidatos à presidência da República: Fernando Henrique Cardoso (PSDB/ PMDB/ PFL/ PPB/ PTB), Luiz Inácio Lula da Silva (PT/ PDT/ PSB/ PCdoB), Ciro Ferreira Gomes (PPS/ PL/ Partido dos Aposentados da Nação – PAN), Enéas Ferreira Carneiro (Prona), Ivan Moacyr da Frota (PMN), Alfredo Hélio Sirkis (PV), José Maria de Almeida (PSTU), João de Deus Barbosa de Jesus (Partido Trabalhista do Brasil – PTdoB), José Maria Eymael (Partido Social-Democrata Cristão – PSDC), Teresa Tinajero Ruiz (PTN), Sérgio Bueno (PSC) e Vasco de Azevedo Neto (Partido da Solidariedade Nacional – PSN)
Principais candidatos à vice-presidência da República: Marco Maciel e Leonel Brizola
Vencedor: Fernando Henrique Cardoso
Resultado da eleição para presidente da República:
1º lugar – Fernando Henrique Cardoso: 35.936.540 votos (53,06%)
2º lugar – Luiz Inácio Lula da Silva: 21.475.218 votos (31,71%)
3º lugar – Ciro Ferreira Gomes: 7.426.190 votos (10,97%)
4º lugar – Enéas Ferreira Carneiro: 1.447.090 votos (2,14%)
5º lugar – Ivan Moacyr da Frota: 251.337 votos (0,37%)
6º lugar – Alfredo Hélio Sirkis: 212.984 votos (0,31%)
7º lugar – José Maria de Almeida: 202.659 votos (0,30%)
8º lugar – João de Deus Barbosa de Jesus: 198.916 votos (0,29%)
9º lugar – José Maria Eymael: 171.831 votos (0,25%)
10º lugar – Teresa Tinajero Ruiz: 166.138 votos (0,25%)
11º lugar – Sérgio Bueno: 124.569 votos (0,18%)

12º lugar – Vasco de Azevedo Neto: 109.003 votos (0,16%)
Resultado da eleição para vice-presidente da República:
Eleito: Marco Maciel

JINGLE DE LULA

Coração brasileiro (Quem sabe é quem sente)
Autor: Hilton Acioli
Gênero: Valsa
Gravadora: Abril Cultural
Título do CD: Os 20 maiores jingles políticos de todos os tempos
Acervo: Associação Brasileira dos Consultores Políticos (ABCOP)

Só mesmo um coração brasileiro
Tem razão pra seguir em frente
Meu país é gente primeiro
E a alegria pode vir num repente
Na vida tão desigual
O bem tem que vencer o mal
Coração brasileiro
Quem sabe é quem sente

Lula sou eu
Lula é a gente
Coração brasileiro
Quem sabe é quem sente

Marca discursiva: empatia.
Palavras e expressões-chave: "Lula sou eu"; "Lula é a gente"; "quem sabe é quem sente".
Técnicas publicitárias:

Texto: humanização, "fazer o cara viver o drama" (Barreto, 1982, p. 205).
Recurso motivador: positividade (Martins, 1997, p. 154).
Esquema básico: estereótipos (Carrascoza, 1999, p. 41).

A marca discursiva desse jingle é a empatia, como observamos nas expressões-chave "Lula sou eu", "Lula é a gente", "quem sabe é quem sente". É uma tentativa clara de levar a população a identificar-se com Lula (estereótipo) e assim "votar em si mesma", mostrando que esse seria o melhor caminho (pois "quem sabe é quem sente"). Para acompanhar a letra, foi utilizada uma música romântica, maximizando a emoção.

JINGLE DE FERNANDO HENRIQUE CARDOSO

Avançar, seguir em frente (FHC – reeleição)
Autores: P. C. Bernardes e Nizan Guanaes (MCR)
Intérprete: Dominguinhos
Gênero: Xote
Gravadora: Abril Cultural
Título do CD: Os 20 maiores jingles políticos de todos os tempos
Acervo: Associação Brasileira dos Consultores Políticos (ABCOP)

Levanta a mão e vem com a gente
Vamos lá
Vamos seguir nosso caminho
Vamos lá
Pra avançar, seguir em frente
Fernando Henrique presidente

Levanta a mão
E vamos lá

Que o Brasil tá caminhando
Ele não pode parar
Quero avançar
Seguir em frente
Reeleger Fernando Henrique presidente (bis)

Ele plantou a semente do futuro
É o pulso firme nesse tempo turbulento
Está fazendo um Brasil pra todo mundo
Mas felicidade é construção que leva tempo

Levanta a mão
Vamos lá
Que o Brasil tá caminhando
Ele não pode parar
Quero avançar
Seguir em frente
Reeleger Fernando Henrique presidente (3×)

Fernando Henrique presidente

Marca discursiva: convocação.
Palavras e expressões-chave: "vem com a gente"; "vamos lá"; "quero avançar"; "seguir em frente".
Técnicas publicitárias:
Texto: story-appeal (apelo à história do produto) (Barreto, 1982, p. 205).
Recurso motivador: anúncio de positividade (Martins, 1997, p. 154).
Esquema básico: apelo à autoridade (Carrascoza, 1999, p. 41).

A marca discursiva desse jingle é a convocação, como observamos nas expressões-chave "vem com a gente", "vamos lá". Há um incentivo para que se forme um mutirão, para "avançar", "seguir em frente", com a convocação de todos e usando como apelo persuasivo a história do candidato ("Ele plantou a semente do futuro/É o pulso firme nesse tempo turbulento", ou seja, o candidato conta com a autoridade de quem avançou, porém ainda não terminou seu trabalho – "felicidade é construção que leva tempo"). A música, em ritmo nordestino (xote), apresenta um tom nostálgico e emocional.

COMO FOI A ELEIÇÃO PARA PRESIDENTE EM 2002?

Ao final do segundo mandato consecutivo de FHC, a imagem do então presidente estava desgastada e seu governo já não contava com uma avaliação tão boa; ao mesmo tempo, a possibilidade de um avanço no campo das conquistas sociais atraía cada vez mais a atenção da população.

A vitória de Lula pode ser entendida com base na análise dos resultados das pesquisas de intenção de voto feitas e divulgadas antes do segundo turno. Nelas se verifica que o eleitor estava disposto a votar em Lula independentemente de sua região de moradia, faixa etária, renda familiar, nível de instrução e sexo. Quando comparados aos resultados de pesquisas realizadas às vésperas das eleições anteriores para presidente (1989, 1994 e 1998), que mostravam a preferência por Lula concentrada nas camadas sociais mais favorecidas da sociedade, esses dados demonstram que, em 2002, Lula conquistou também os votos dos mais pobres, dos que possuem menor nível de escolaridade e renda familiar. Portanto, nas eleições gerais de 2002, aconteceu a abolição do medo nas urnas, que sempre foi um forte obstáculo para o PT e para Lula. Lembramos aqui que, como tentativa de ultrapassar esse obstáculo, o jingle *Sem medo de ser feliz* sempre foi executado nas campanhas eleitorais do PT, tornando-se um hino petista.

OS PRINCIPAIS CANDIDATOS

LULA

O maior problema de Lula era o medo que sua imagem como candidato suscitava, principalmente na classe média. Por intermédio de algumas garantias e novas posturas, sugeridas pelo consultor político Duda Mendonça, Lula procurou passar uma nova impressão aos eleitores. Barba bem aparada, ternos bem cortados, palavras brandas e tom de voz sereno compuseram a nova imagem do candidato. O convite feito a um empresário para que se juntasse a ele na chapa, candidatando-se à vice-presidência, e a garantia de que continuaria com o Plano Real e avançaria no campo das conquistas sociais fizeram dele o candidato mais indicado para indivíduos de todas as classes. Seu adversário, como estratégia para reverter essa vantagem, tentou desvincular-se do último mandato de FHC, o que se revelou impossível.

Lula vinha de três derrotas em disputas presidenciais, tendo sempre no comando de suas campanhas políticos de suas hostes. Para a campanha de 2002, exigiu a presença de profissionais de fora do partido para que cuidassem das questões de marketing. Foi escolhido Duda Mendonça, que eliminou o tom raivoso da voz de Lula e mudou sua postura e apresentação; essa nova imagem fez que o candidato ganhasse o apelido de "Lulinha paz e amor". E foi esse novo Lula que se apresentou como candidato à presidência da República, após o PT e o próprio candidato terem se rendido às técnicas de marketing político/eleitoral.

JOSÉ SERRA

A tática inicial da campanha de José Serra, então ministro da Saúde, foi vincular-se à gestão tucana de FHC na presidência da República, mas logo se percebeu que essa estratégia não estava funcionando. Então, tentou-se fazer exatamente o contrário, ou seja, eliminar esse vínculo. No entanto, já era muito tarde, e a campanha se tornou ambígua, perdeu a identidade.

Datas da eleição:
Primeiro turno: 6 de outubro de 2002
Segundo turno: 27 de outubro de 2002
Tipo de eleição: Direta
Candidatos à presidência da República: Luiz Inácio Lula da Silva (PT/PCdoB/PL/PMN/PCB), José Serra (PSDB/PMDB), Anthony William Matheus Garotinho (PSB/Partido Geral dos Trabalhadores – PGT/Partido Trabalhista Cristão – PTC), Ciro Ferreira Gomes (PPS/PDT/PTB), José Maria de Almeida (PSTU) e Rui Costa Pimenta (Partido da Causa Operária – PCO)
Principais candidatos à vice-presidência da República: José Alencar e Rita Camata
Vencedor: Luiz Inácio Lula da Silva
Resultado da eleição para presidente da República:
Primeiro turno:
1º lugar – Luiz Inácio Lula da Silva: 39.455.233 votos (46,444%)
2º lugar – José Serra: 19.705.445 votos (23,196%)
3º lugar – Anthony William Matheus Garotinho: 15.180.097 votos (17,869%)
4º lugar – Ciro Ferreira Gomes: 10.170.882 votos (11,972%)
5º lugar – José Maria de Almeida: 402.236 votos (0,473%)
6º lugar – Rui Costa Pimenta: 38.619 votos (0,045%)
Segundo turno:
1º lugar – Luiz Inácio Lula da Silva: 52.772.475 votos (61,3%)
2º lugar – José Serra: 33.356.860 votos (38,7%)
Resultado da eleição para vice-presidente da República:
Eleito: José Alencar

JINGLE DE LULA

Bota fé
Autores: Péri e Duda Mendonça
Gênero: Axé

Acervo: Associação Brasileira dos Consultores Políticos (ABCOP)
Mídia: CD – mp3

Não dá pra apagar o sol
Não dá pra parar o tempo
Não dá pra contar estrelas
Que brilham no firmamento
Não dá pra parar o rio
Quando ele corre pro mar
Não dá pra calar o Brasil
Quando ele quer cantar

Bote essa estrela no peito
Não tenha medo ou pudor
Agora eu quero você
Te ver torcendo a favor

A favor do que é direito
Da decência que restou
A favor de um povo pobre
Mas nobre trabalhador
É o desejo dessa gente
Querer um Brasil mais decente
Ter direito a esperança
E uma vida diferente

É só você querer

É só você querer
Que amanhã assim será
Bote fé e diga Lula
Bote fé e diga Lula
Eu quero Lula (4×)

Marca discursiva: convocação.
Palavras e expressões-chave: "bote essa estrela no peito"; "agora eu quero você"; "a favor"; "é só você querer".
Técnicas publicitárias:
Texto: defesa de uma tese, imposição de um raciocínio ("não dá pra") (Barreto, 1982, p. 205).
Recurso motivador: anúncio de sedução (Martins, 1997, p. 154).
Esquema básico: técnica de afirmação e repetição (Carrascoza, 1999, p. 41).

A marca discursiva desse jingle é a convocação, como observamos nas expressões-chave "bote essa estrela no peito", "eu quero você", "te ver", "é só você querer". Tentou-se transmitir a ideia de uma convocação para buscar o que é direito, para atender a um desejo já expresso pela população ("não dá pra parar o rio"), com o mesmo sentido do famoso "vem com a gente que já somos maioria". A música que acompanha essa letra é um axé cadenciado, explicitando a origem do candidato e também acompanhando a moda das músicas nordestinas, executadas com frequência no rádio e na TV.

JINGLE DE SERRA

A mudança é azul
Autor: Nizan Guanaes
Intérprete: Nana Caymmi
Gênero: Valsa
Acervo: Associação Brasileira dos Consultores Políticos (ABCOP)
Mídia: CD – mp3

A mudança é azul
A mudança é acordar cedo

A mudança é ter salário
A mudança se chama emprego

A mudança é de norte a sul
A mudança é sonhar sem medo
A mudança é ter trabalho
A mudança se chama emprego

(coro)
A mudança é azul
A mudança é acordar cedo
A mudança é ter salário
A mudança se chama emprego

A mudança é de norte a sul
A mudança é sonhar sem medo
A mudança é ter trabalho
A mudança se chama emprego

Marca discursiva: mudança.
Palavras e expressões-chave: "mudança"; "ter trabalho"; "ter salário".
Técnicas publicitárias:
Texto: humanização, particularização (Barreto, 1982, p. 205).
Recurso motivador: anúncio de positividade (Martins, 1997, p. 154).
Esquema básico: técnica de afirmação e repetição (Carrascoza, 1999, p. 41).

A marca discursiva desse jingle é a mudança, como observamos nas expressões-chave iniciadas por "a mudança é". O mote da mudança permeou boa parte da campanha eleitoral do PSDB, tentando desvincular o candidato Serra do presidente de então, FHC. A música que acompanha essa letra é emotiva, com ritmo cadenciado.

COMO FOI A ELEIÇÃO PARA PRESIDENTE EM 2006?

Luiz Inácio Lula da Silva foi reeleito presidente da República com 58 milhões de votos. Ao vencer, contando com 60,83% dos votos válidos, Lula se tornou o segundo presidente a se reeleger no Brasil. O PT acabou usando a mesma estratégia adotada para a reeleição de FHC, ou seja, fez que a discussão sucessória adquirisse um caráter plebiscitário, de modo que o que se colocou em julgamento foi o desempenho do governo petista (as pesquisas demonstravam que a maioria da população aprovava o governo e, principalmente, o presidente Lula). A eleição só não foi decidida no primeiro turno devido à divulgação de um escândalo envolvendo membros do PT e ligado à campanha presidencial (o caso do dossiê contra Serra).

Datas da eleição:
Primeiro turno: 1º de outubro de 2006
Segundo turno: 29 de outubro de 2006
Tipo de eleição: Direta
Candidatos à presidência da República: Luiz Inácio Lula da Silva (PT/Partido Republicano Brasileiro – PRB/PCdoB), Geraldo Alckmin (PSDB/PFL), Heloísa Helena (Partido Socialismo e Liberdade – PSOL/PSTU/PCB), Cristovam Buarque (PDT), Ana Maria Rangel (Partido Republicano Progressista – PRP), José Maria Eymael (PSDC), Luciano Bivar (Partido Social Liberal – PSL) e Rui Costa Pimenta (PCO)
Candidatos à vice-presidência da República: José Alencar, José Jorge, César Benjamin, Jefferson Peres, José Paulo Neto, Américo de Sousa e Pedro Paulo Pinheiro
Vencedor: Luiz Inácio Lula da Silva
Resultado da eleição para presidente da República:
Primeiro turno:
1º lugar – Luiz Inácio Lula da Silva: 46.662.365 votos (48,61%)
2º lugar – Geraldo Alckmin: 39.968.369 votos (41,64%)
3º lugar – Heloísa Helena: 6.575.393 votos (6,85%)

4º lugar – Cristovam Buarque: 2.538.844 votos (2,64%)
5º lugar – Ana Maria Rangel: 126.404 votos (0,13%)
6º lugar – José Maria Eymael: 63.294 votos (0,07%)
7º lugar – Luciano Bivar: 62.064 votos (0,06%)
8º lugar – Rui Costa Pimenta: campanha impugnada
Segundo turno:
1º lugar – Luiz Inácio Lula da Silva: 58.295.042 votos (60,83%)
2º lugar – Geraldo Alckmin: 37.543.178 votos (39,17%)
Resultado da eleição para vice-presidente da República:
Eleito: José Alencar

JINGLE DE LULA

Lula de novo
Autor: João Santana
Gênero: Baião
Acervo: Associação Brasileira dos Consultores Políticos (ABCOP)
Mídia: CD – mp3

Não adianta tentar me calar
Nunca ninguém vai abafar a minha voz
Quando o povo quer, ninguém domina

O mundo se ilumina, nós por ele e ele por nós
O mundo se ilumina, nós por ele e ele por nós

O Brasil quer seguir em frente
Com o primeiro homem do povo presidente
Ele sabe governar com o coração
E governa pra todos com justiça e união
É o primeiro presidente que tem a alma do povo
E tem a cara da gente

São milhões de Lulas povoando este Brasil
Homens e mulheres noite e dia a lutar

Por um país justo e independente
Onde o presidente é povo
E o povo é presidente

Por um país justo e independente
Onde o presidente é povo
E o povo é presidente

Nós estamos aqui de novo...

Cantando! (coro)

Um sonho novo...

Pra sonhar! (coro)

Nós estamos aqui de novo...

Lutando! (coro)

A esperança não se cansa...

(coro)
De gritar:
É Lula de novo, com a força do povo!
É Lula de novo, com a força do povo!
É Lula de novo, com a força do povo!
É Lula de novo, com a força do povo!

Marca discursiva: empatia.
Palavras e expressões-chave: "nós por ele e ele por nós"; "tem a

alma do povo"; "tem a cara da gente"; "são milhões de Lulas"; "homem do povo"; "onde o presidente é povo e o povo é presidente"; "com a força do povo".
Técnicas publicitárias:
Texto: humanização, "fazer o cara viver o drama", colar uma frase no produto (Barreto, 1982, p. 205).
Recurso motivador: anúncio de positividade (Martins, 1997, p. 154).
Esquema básico: estereótipos (Carrascoza, 1999, p. 41).

A marca discursiva desse jingle é a empatia, como observamos nas expressões-chave "tem a cara da gente", "homem do povo", "o presidente é povo e o povo é presidente". Aqui, os esforços se concentram na tarefa de fixar a imagem do presidente como homem simples, como qualquer brasileiro de classes menos abastadas, como alguém que conhece bem os problemas que afligem essa parcela da população. O ritmo que acompanha a letra é um baião bem marcado, lembrando as músicas de Luiz Gonzaga.

JINGLE DE ALCKMIN

Aperte a mão do Geraldo
Intérprete: Dominguinhos
Gênero: Forró
Acervo: Associação Brasileira dos Consultores Políticos (ABCOP)
Mídia: CD – mp3

O brasileiro gosta tanto da verdade
E a verdade está aí pra quem quer ver
Mude o caminho
Conserte o país da gente
Resgate os sonhos
E deixe o Brasil crescer

Aperte a mão do Geraldo, minha gente
E conheça um brasileiro de valor
Um cara inteligente
Que no coração
Ele é um vencedor

Quem conhece sabe
Ele fala e faz
Quem acreditou
Nunca se enganou
Então pense direito
O Brasil tem jeito
É Geraldo, sim senhor

Vai ser melhor assim
Geraldo presidente
Quem conhece sabe
Nunca se enganou
Ele é experiente

Vai ser melhor assim
Geraldo presidente
Ele sabe o que faz
Ele sabe o caminho
Para um país decente

Por um Brasil honesto, competente
Geraldo presidente

Marca discursiva: afirmação.
Palavras e expressões-chave: "um cara inteligente"; "ele é um vencedor"; "ele fala e faz"; "é Geraldo, sim senhor"; "ele é experiente"; "ele sabe o que faz"; "ele sabe o caminho".

Técnicas publicitárias:
Texto: particularização, termos quentes, prestação de serviços (Barreto, 1982, p. 205).
Recurso motivador: anúncio de narcisismo (Martins, 1997, p. 154).
Esquema básico: técnica de afirmação e repetição (Carrascoza, 1999, p. 41).

Aqui, a marca discursiva é a afirmação, como observamos nas expressões-chave "ele é", "ele fala e faz", "ele sabe". O jingle percorre o caminho do convencimento por meio da afirmação de que a verdade deve ser restabelecida, e a verdade, de acordo com ele, é que Geraldo tem as qualidades exigidas para ser um bom presidente da República. A música que acompanha essa letra é um forró, cantado por um dos ícones desse gênero, Dominguinhos; começa serena e vai crescendo até alcançar o clímax.

COMO FOI A ELEIÇÃO PARA PRESIDENTE EM 2010?

A disputa eleitoral polarizou-se entre Dilma, candidata pelo PT, e José Serra, do PSDB. Após um primeiro turno marcado pela discussão de temas morais e religiosos, o segundo turno revelou-se mais ofensivo, com o predomínio da discussão de questões pessoais em detrimento das propostas políticas propriamente ditas. O presidente Lula foi um cabo eleitoral disposto a usar todo o seu prestígio pessoal (terminou seu mandato com 83% de aprovação) e influência para que Dilma fosse a candidata eleita. Multado cinco vezes por fazer campanha eleitoral antecipada, além de outras irregularidades, Lula buscou mostrar que a eleição de Dilma seria a única forma de continuar no caminho das conquistas sociais. Peças publicitárias variadas, fotos, jingles, discursos e comícios deixaram muito claro o apoio de Lula à candidata.

A afirmação de que Dilma seria "o Lula de saia" convenceu o eleitorado, que elegeu a primeira mulher presidente do Brasil.

Datas da eleição:
Primeiro turno: 3 de outubro de 2010
Segundo turno: 31 de outubro de 2010
Tipo de eleição: Direta
Candidatos à presidência da República: Dilma Rousseff (PT), José Serra (PSDB), Marina Silva (PV), Plínio de Arruda Sampaio (PSOL), José Maria Eymael (PSDC), Zé Maria (PSTU), Levy Fidelix (Partido Renovador Trabalhista Brasileiro – PRTB), Ivan Pinheiro (PCB) e Rui Costa Pimenta (PCO)
Candidatos à vice-presidência da República: Michel Temer, Índio da Costa, Guilherme Leal, Hamilton Assis, José Paulo da Silva Neto, Cláudia Durans, Luiz Duarte, Edmilson Costa e Edson Dorta
Vencedora: Dilma Rousseff
Resultado da eleição para presidente da República:
Primeiro turno:
1º lugar – Dilma Rousseff – 47.651.434 votos (46,91%)
2º lugar – José Serra – 33.132.283 votos (32,61%)
3º lugar – Marina Silva – 19.636.359 votos (19,33%)
4º lugar – Plínio de Arruda Sampaio – 886.816 votos (0,87%)
5º lugar – José Maria Eymael – 89.350 votos (0,09%)
6º lugar – Zé Maria – 84.609 votos (0,08%)
7º lugar – Levy Fidelix – 57.960 votos (0,06%)
8º lugar – Ivan Pinheiro – 39.136 votos (0,04%)
9º lugar – Rui Costa Pimenta – 12.206 votos (0,01%)
Segundo turno:
1º lugar – Dilma Rousseff: 55.752.529 votos (56,05%)
2º lugar – José Serra: 43.711.388 votos (43,95%)
Resultado da eleição para vice-presidente da República:
Eleito: Michel Temer

JINGLE DE DILMA

Dilma brasileira
Autores: João Santana, João Andrade e Kapenga Ventura
Gênero: Samba
Acervo: Associação Brasileira dos Consultores Políticos (ABCOP)
Mídia: CD – mp3

Meu Brasil querido
Vamos em frente
Sem voltar pra trás
Pra seguir mudando
Seguir crescendo
Ter muito mais

Meu Brasil novo
Brasil do povo
Que o Lula começou
Vai seguir com a Dilma
Com a nossa força
E com o nosso amor

Ela sabe bem o que faz
Ela já mostrou que é capaz
Ajudou o Lula a fazer pra gente um Brasil melhor

Lula tá com ela
Eu também tô
Veja como o Brasil já mudou
Mas a gente quer mais
Quer mais e melhor
É com a Dilma que eu vou

É a mulher e sua força verdadeira
Eu tô com Dilma
Uma grande brasileira

É a mulher e sua força verdadeira
Eu tô com Dilma
Uma grande brasileira

Lula tá com ela
Eu também tô
Veja como o Brasil já mudou
Mas a gente quer mais
Quer mais e melhor
É com a Dilma que eu vou

Lula tá com ela
Eu também tô
Veja como o Brasil já mudou
Mas a gente quer mais
Quer mais e melhor
É com a Dilma que eu vou

Marca discursiva: afirmação.
Palavras e expressões-chave: "pra seguir mudando, seguir crescendo, ter muito mais"; "é com a Dilma que eu vou"; "vai seguir com a Dilma"; "ela sabe bem o que faz"; "ajudou o Lula a fazer pra gente um Brasil melhor"; "Lula tá com ela, eu também tô".
Técnicas publicitárias:
Texto: defesa de uma tese, imposição de um raciocínio, testemunhal (Barreto, 1982, p. 205).
Recurso motivador: anúncio de otimismo (Martins, 1997, p. 154).
Esquema básico: apelo à autoridade (Carrascoza, 1999, p. 41).

A marca discursiva desse jingle é a afirmação, como observamos nas expressões-chave "pra seguir mudando...", "vai seguir com a Dilma", "ela sabe bem o que faz", "ela já mostrou que é capaz". O esforço aqui consiste em fixar a imagem da candidata como mulher experiente e capaz. A música que acompanha a letra é um samba cadenciado.

JINGLE DE SERRA

Serra é do bem
Intérprete: Não identificado
Gênero: Marcha
Acervo: Associação Brasileira dos Consultores Políticos (ABCOP)
Mídia: CD – mp3

(Refrão) Quando se conhece bem uma pessoa
Logo se sabe se é gente boa
Com Serra essa certeza a gente tem
Serra é do bem
Serra é do bem

Serra faz bem pra saúde
Não tem contraindicação
Já fez bem pra muita gente
Com a cabeça boa e com coração

Serra já passou no teste
É sincero e competente
Serra!
Vida limpa e transparente!

Refrão

Serra no seguro-desemprego
No genérico, remédio mais barato
Sempre presente, trabalha de fato

Serra tem firmeza no que faz
Todo Brasil já conhece bem
Tanta coisa boa ele já fez
Serra é do bem!
Serra é do bem!

Refrão

Marca discursiva: destaques.
Palavras e expressões-chave: "Serra faz bem pra saúde"; "Serra já passou no teste"; "Serra no seguro-desemprego"; "no genérico, remédio mais barato"; "tanta coisa boa ele já fez".
Técnicas publicitárias:
Texto: explicação do produto, desdobramento do uso do produto, "colagem" de uma frase no produto ("Serra é do bem") (Barreto, 1982, p. 205).
Recurso motivador: anúncio de narcisismo (Martins, 1997, p. 154).
Esquema básico: técnica de afirmação e repetição (Carrascoza, 1999, p. 41).

A marca discursiva desse jingle são os destaques, como observamos nas expressões-chave "faz bem pra saúde", "no seguro-desemprego", "no genérico, remédio mais barato". O jingle busca detalhar as ações políticas e sociais do candidato. A música que acompanha essa letra é uma marcha, cantada por um coral não identificado.

CONSIDERAÇÕES FINAIS

Este livro procura demonstrar que os jingles não são simples musiquinhas que nascem de movimentos políticos ou culturais. A inserção dos jingles no processo de marketing comercial demanda um trabalho consciente e específico para conquistar clientes.

A função primordial do jingle, como peça publicitária, é ajudar o consumidor a decidir-se por esta ou aquela marca na hora da compra. O jingle é uma música feita para vender; por isso, deriva de um briefing, construído com base nas pretensões do cliente.

Em nosso trabalho, procuramos diferenciar os jingles eleitorais dos jingles políticos – na realidade, em nossa concepção, os jingles só existem na área eleitoral, pois na área política somente encontramos hinos, sátiras, paródias, canções de protesto, músicas refletindo a situação social, galhofas, mas nunca jingles propriamente ditos, de acordo com a conceituação oferecida pela maioria dos autores consultados.

As funções do jingle eleitoral são: transmitir mensagens sobre os projetos do candidato; fazer que o eleitor se sinta esperançoso com relação a esses projetos; divulgar o nome e o número do candidato, para identificá-lo e facilitar a memorização desses dados; e, por fim, entreter.

A letra de um jingle deve sempre levar em consideração o que se pretende alcançar com essa peça publicitária, sendo a composição direcionada nesse sentido. Obviamente, por ser uma peça publicitária, sempre destacará os pontos positivos do candidato ou da candidatura.

Constatamos em nossa pesquisa que os jingles oferecem diversas maneiras de atender ao que o briefing pede, com as rimas e sentenças musicais sendo acomodadas ao que foi solicitado. Como exemplo pode-se citar um jingle feito na década de 1980 para um candidato à prefeitura de Uberaba (MG), que dizia, em certo momento: "Arnaldo, Arnaldo/Quem é bom nasce feito/Arnaldo, Arnaldo/Arnaldo pra nosso prefeito". Nesse caso, para atender a uma solicitação do briefing, a expressão escolhida para rimar com "prefeito" foi "nasce feito", porque o candidato já havia sido prefeito da cidade e era um bom administrador de seus bens particulares.

Essa versatilidade esteve presente desde o primeiro jingle eleitoral elaborado com base em informações do candidato e sobre ele.

Como elemento do marketing eleitoral, o jingle faz parte de um conjunto de ações, atividades e peças promocionais e publicitárias construídas para enfatizar as qualidades do candidato, o que ele apresenta de melhor.

Alguns dos nomes contemporâneos de maior destaque no mundo dos jingles eleitorais são: Carlinhos Abcalil, maestro Reginaldo Bessa, Hilton Accoli, Lázaro do Piauí. Atualmente, muitos são os compositores e estúdios de produção dedicados aos jingles eleitorais.

Este que agora escreve também teve a ousadia de fazer um jingle, em uma época em que compor jingles não era uma atividade tão profissional como agora. Fui o responsável pela criação da letra do jingle *Votando certo*, feito em 1986 para a campanha de Randolfo, candidato a deputado federal, e Freida, a deputada estadual. Os clientes eram irmãos do Amazonas em candidaturas diferentes no mesmo pleito. Com música de Luiz Kuntz, o jingle foi cantado e tocado durante todo o período eleitoral e em todo o estado do Amazonas.

Hoje está ocorrendo uma vulgarização dos jingles, por muitos acharem que qualquer pessoa pode fazer um bom jingle. Nas campanhas, chegam sempre às mãos dos candidatos vários jingles "doados" por amigos e eleitores que querem ajudá-los. Na maioria das vezes, trata-se de jingles malfeitos que só prejudicariam a campanha; no entanto, eles não podem ser simplesmente rejeitados, pois isso poderia ofender os autores/eleitores. Uma das soluções possíveis nos foi relatada por um companheiro de profissão: um candidato à prefeitura de Paulínia (SP), para não desagradar aos eleitores que haviam lhe enviado jingles, reuniu todas as composições presenteadas e mandou que fossem gravadas em um CD, o qual foi distribuído a todos que estivessem interessados, embora não executasse esses jingles nos carros de som.

Vale mencionar, mais uma vez, que, no Brasil, os jingles só começaram a ser usados nas campanhas eleitorais como ferramentas de marketing em 1929, na campanha de Júlio Prestes, que, em sua disputa contra Vargas, contou com o auxílio do jingle *Seu Julinho vem*.

Respondendo enfim à questão levantada na introdução do livro – "quais seriam as características publicitárias comuns a todos os jingles eleitorais, garantindo que atuem a favor dos candidatos?" –, concluímos que existem marcas discursivas que se apresentam de forma constante nos jingles eleitorais; são elas:

a Comparação.
b Mudança.
c Afirmação.
d Destaques.
e Ufanismo.
f Conceito.
g Convocação.
h Empatia.

O ritmo e a melodia de um jingle devem sempre respeitar o ambiente social e a época, acompanhando o gosto popular. Até a década de 1950, o ritmo mais usado em jingles eleitorais foi o das marchinhas de carnaval, com poucas variações; após esse período, diversos ritmos foram utilizados, de acordo com o que estivesse então na moda.

Como já dissemos, os jingles eleitorais foram confundidos por vários autores com hinos, sátiras, paródias, canções de protesto, músicas refletindo a situação social, galhofas, músicas de contrapropaganda, o que originou equívocos em sua definição.

Por intermédio de nossas pesquisas e com a ajuda do *Dicionário Houaiss da música popular brasileira*, de Ricardo Cravo Albin (2006), que conceitua todas as outras formas musicais, chegamos à conclusão de que a melhor definição de jingle se encontra na frase do inesquecível professor Cid Pacheco: "[...] um jingle é um anúncio, e, sendo um anúncio ao qual se acrescenta música, o objetivo central dele é persuadir o público"[7].

Para finalizar, merece destaque o fato de que o Congresso Nacional, em 2005, aprovou a inclusão do valor pago à produção de jingles como gasto de campanha eleitoral, conforme emenda apresentada pelo deputado João Almeida (PSDB-BA) ao projeto de Lei nº 5.855, de 2005, visando incluir como gastos de campanha os valores relacionados à produção de jingles, vinhetas e slogans para propaganda eleitoral.

OUTROS JINGLES

Os jingles eleitorais no Brasil sempre foram bastante criativos, sendo que vários se tornaram famosos. Obviamente, eu não conseguiria reproduzir aqui toda a minha coleção de jingles (aproximadamente 400 peças), reunida nesses últimos anos para que eu pudesse fazer o trabalho que deu origem a este livro. Jingles céle-

---

[7] Frase dita em entrevista concedida ao autor em 15 de março de 2008, no Rio de Janeiro.

bres como os feitos para Eymael, e tantos outros, nem sempre levaram seus inspiradores ao cargo pretendido, mas com certeza deixaram a sua marca.

Assim, eu não poderia deixar de reproduzir ao menos alguns jingles. Trata-se de jingles notáveis pela maravilhosa solução encontrada para unir todos os itens solicitados pelo briefing, ou pelo casamento perfeito entre a letra, a música e o ritmo, ou pelo modo de uso, ou até mesmo pela incoerência (Collor e Dilma). Também incluí jingles selecionados que fizeram parte de campanhas eleitorais de que participei.

Outra impossibilidade com que deparei diz respeito à tentativa de produzir um CD com diversos jingles para acompanhar este livro, frustrada devido à questão dos direitos autorais.

Enfim, são reproduzidos a seguir os jingles que, em minha opinião, não poderiam faltar em nenhum estudo sobre o tema aqui tratado. Não farei as análises, pois minha proposta foi analisar apenas os jingles presidenciais, mas convido-o a, a partir de agora, estudá-los e compreendê-los por meio das letras. Em ordem cronológica, vamos a eles.

Alea jacta est.

ELEIÇÕES DE 1955

Campanha "Dinarte Mariz – governador do Rio Grande do Norte"

No estado se ergueu uma bandeira
Em prol da paz e da redenção do povo
E ela está empunhada por Dinarte
E vai voltar pra governar de novo
E é por ele que unidos marcharemos
Todos cantando esse hino em alta voz
Dinarte já fechou no coração
Os corações de todos nós

Pra qualquer luta estaremos com Dinarte
Sempre com ele, fiéis seremos
Com seu passado de honra e de trabalho
Sua bondade nós jamais esqueceremos

Dinarte Mariz em todo o estado
É consagrado um grande benfeitor
E com o voto independente lhe daremos
Mais uma vitória para governador

ELEIÇÕES DE 1960

Campanha "Aluisio Alves – governador do Rio Grande do Norte"

Cigano feiticeiro
Seu feitiço me pegou
Aqui nesse lugar
Todos você já conquistou
Pela primeira vez
Que você veio ao sertão
Apresentou uma lei
E conseguiu execução

Cigano feiticeiro
Seu feitiço me pegou
Aqui nesse lugar
Todos você já conquistou
Pela primeira vez
Que você veio ao sertão
Apresentou uma lei
E conseguiu execução

Cigano feiticeiro

Feiticeiro, ai, meu Deus!
Eu faço tudo, tudo
Pelo governo seu

E o eleitor
O que deve fazer
É virar cigano
E votar com você

Cigano feiticeiro
Feiticeiro, ai, meu Deus!
Eu faço tudo, tudo
Pelo governo seu

E o eleitor
O que deve fazer
É virar cigano
E votar com você

E o adversário
Aqui lhe caluniou
E lhe chamou cigano
E seu prestígio aumentou
Pelo voto secreto
Lhe daremos posição
E a esta oligarquia
Quem responde é a eleição

E o adversário
Aqui lhe caluniou
E lhe chamou cigano
E seu prestígio aumentou
Pelo voto secreto
Lhe daremos posição

E a esta oligarquia
Quem responde é a eleição

Cigano feiticeiro
Feiticeiro, ai, meu Deus!
Eu faço tudo, tudo
Pelo governo seu

E o eleitor
O que deve fazer
É virar cigano
E votar com você

Cigano feiticeiro
Feiticeiro, ai, meu Deus!
Eu faço tudo, tudo
Pelo governo seu

E o eleitor
O que deve fazer
É virar cigano
E votar com você

Cigano feiticeiro
Cigano feiticeiro

ELEIÇÕES DE 1982

Campanha "João Gilberto – deputado federal – Minas Gerais"

Vote na certa
Não deixe para depois
É João Gilberto em 82
João Gilberto o nosso deputado federal

*Renovação que se tornou real
Representante pra valer*

*João Gilberto
A força que Uberaba deve ter
Vai afinal ser nosso deputado federal*

*João Gilberto
Do povo sempre foi um defensor
O estudante e o trabalhador
Agora nele vão votar
Vão mostrar que a representação só é legal
Com João Gilberto nosso deputado federal*

*Vote na certa
Não deixe para depois
É João Gilberto em 82
João Gilberto o nosso deputado federal*

Campanha "Montoro – governador de São Paulo"

*São Paulo agora quer Montoro
Franco Montoro
É
Franco Montoro
Que luta em defesa do trabalhador
Franco Montoro
Governador*

*É hora de mudar
E juntos vamos governar
PMDB
PMDB
PMDB*

PMDB
Luta e briga por você

Você sabe
É preciso mudar
Eleja Franco Montoro e vamos governar juntos

ELEIÇÕES DE 1984

Campanha "Tancredo Neves – presidente"

Pra resolver tem que ser agora
Chegou a hora da decisão
O povo inteiro está gritando
Tancredo Neves é a solução

Queremos ter ordem e progresso
E o sucesso só chegará
Porque será
Tancredo Neves
Tancredo Neves
Tancredo já

Tancredo já, Tancredo já
O povo está trancado
Quer se libertar

Tancredo já, Tancredo já
O povo está trancado
Quer se libertar

ELEIÇÕES DE 1985

Campanha "Dante de Oliveira – prefeito de Cuiabá"

Dante sim, Dante já
O futuro prefeito de Cuiabá
Dante sim, Dante já
O futuro prefeito de Cuiabá

Pelas eleições diretas
Pra um Brasil que seria, e que será
Cuiabá, Cuiabá
Dante sim, Dante já
Cuiabá, Cuiabá
Dante sim, Dante já

Dante sim, Dante já
O futuro prefeito de Cuiabá
Dante sim, Dante já
O futuro prefeito de Cuiabá

Pelas eleições diretas
Pra um Brasil que seria, e que será
Cuiabá, Cuiabá
Dante sim, Dante já
Cuiabá, Cuiabá
Dante sim, Dante já

Dante sim, Dante já
O futuro prefeito de Cuiabá
Dante sim, Dante já
O futuro prefeito de Cuiabá

Pelas eleições diretas
Pra um Brasil que seria, e que será
Cuiabá, Cuiabá

Dante sim, Dante já
Cuiabá, Cuiabá
Dante sim, Dante já

Campanha "Fernando Henrique – prefeito de São Paulo"
Autores: Chico Buarque de Hollanda e Francis Hime

Vai ganhar Fernando Henrique
O voto popular
Cada paralelepípedo da nossa cidade
A vitória vai comemorar

Vai lembrar
Que aqui passaram nomes imortais
Tancredo Neves, de Minas Gerais
E Teotônio, e tantos outros mais

O povo, que é o melhor juiz da nossa história
Vai homenagear sua memória
Dando ao presente uma lição
Dormia a nossa pátria-mãe tão distraída
Na madrugada em que foi traída
Pela renúncia de um fujão

Seus filhos
Nunca mais votaram pra presidente
E deixaram pra essa gente
Negociatas federais

Campanha "Jânio Quadros – prefeito de São Paulo"

O jeito é Jânio
O jeito é Jânio
Pra prefeitura, Jânio Quadros é o jeito

O jeito é Jânio
O jeito é Jânio
Pois desse jeito
O jeito é Jânio pra prefeito

O jeito é Jânio
O jeito é Jânio
Pra prefeitura, Jânio Quadros é o jeito
O jeito é Jânio
O jeito é Jânio
Pois desse jeito
O jeito é Jânio pra prefeito

Lá do Ipiranga
O povo inteiro ouviu
Certo dia, um grito de esperança
Hoje é São Paulo urgente a pedir
Mais trabalho e segurança

O jeito é Jânio
O jeito é Jânio
Pra prefeitura, Jânio Quadros é o jeito
O jeito é Jânio
O jeito é Jânio
Pois desse jeito
O jeito é Jânio pra prefeito

O jeito é Jânio
O jeito é Jânio

Campanha "Saturnino Braga – prefeito do Rio de Janeiro"

A voz do povo
Escolheu Saturnino

Eu voto nele
Sou ele desde menino
Olha aí

É carioca da gema
Conhece o Rio de cor
De Santa Cruz a Ipanema
É Saturnino o melhor
É o senador de respeito

Tudo que diz ele faz
Vai ser o nosso prefeito
O melhor mesmo
É Saturnino e ninguém mais

Quero transporte, quero comida e ensino
Quero ver o povo forte
Vou votar em Saturnino
Cabeça feita, homem leal, verdadeiro
O melhor é Saturnino
Para o Rio de Janeiro

Quero transporte, quero comida e ensino
Quero ver o povo forte
Vou votar em Saturnino
Cabeça feita, homem leal, verdadeiro
O melhor é Saturnino
Para o Rio de Janeiro

Campanha "Mário Kertész – prefeito de Salvador"

Deixa o coração brilhar
Como as luzes do Bonfim
Axé, axé, nessa terra tão bonita

Nossa força e nossa fé

Bate o atabaque
Toque tambor
Tanta alegria em Salvador

Deixe o coração bater
O menino quer você
Uma festa puxa a outra
Pelas ruas do prazer

Sinta o verão
Olhe pro céu
Respire fundo
Tire o chapéu

Vale a pena ser feliz
Vale a pena acreditar
Deixe, deixe com Kertész
Deixa o coração mandar

Deixe, deixe, deixe com Kertész
Deixa o coração mandar
Deixe, deixe com Kertész
Deixa o coração mandar

ELEIÇÕES DE 1986

Campanha "Antônio Ermírio – governador de São Paulo"

Antônio Ermírio
Antônio Ermírio
De São Paulo será governador
Antônio Ermírio

Antônio Ermírio
Com trabalho, decência e amor

Campanha "Waldir Pires – governador da Bahia"

Chega de opressão
Porque maiores são
Os poderes do povo
Nessa grande nação

Valeu a luta
Lado a lado com você
Valeu a luta do PMDB

Bahia, Bahia, Bahia
Todas as janelas vão se abrir
Deixe entrar o sol da liberdade
Que a grande vitória vem aí

Foram tantos anos de injustiça
Agora não dá mais pra segurar
Na capital e no interior, ó, ó, ó
O povo da Bahia vai cantar

Eu quero ver

O tempo novo de vencer
De construir
A Bahia vai mudar, trabalhando com Waldir

Eu quero ver

Um tempo novo de vencer
De construir

A Bahia vai mudar, trabalhando com Waldir

Eu quero ver

Um tempo novo de vencer
De construir
A Bahia vai mudar, trabalhando com Waldir

Campanha "Max Mauro – governador do Espírito Santo"

Vai acontecer afinal
Já senti na voz do vento
Esse grito não se acaba
O povo capixaba
Vai fazer o seu momento

Pelos campos e cidades
A realidade
Se firmou no pensamento

Agora é Max, ô, ô, ô
Max Mauro pra governador

Agora é Max ô, ô, ô
Max Mauro pra governador

Mais eu quero

Quero tudo que tenho direito
Quem vai dar o jeito
É você, doutor

Que é deputado
Que já foi prefeito

Que vai ser eleito governador
Autêntica figura do partido
Que vai mudar este país

É o nome mais famoso
E mais querido
Que quer ver o povo mais feliz

Campanha "Orestes Quércia – governador de São Paulo"

Tudo começou a mudar
Com o PMDB, começou a melhorar
O povo agora tem mais valor
Queremos Quércia pra governador

É Quércia
É povo
É PMDB
A união que a gente sempre quis

É Quércia
É povo
É a força da gente
Pro povo viver mais feliz

No interior, emprego, industrialização
Na capital, segurança e humanização
No campo, vamos aumentar a produção
Com Quércia governador

É Quércia...

Campanha "Roberto Campos – senador – Mato Grosso"

O povo vai eleger
Um grande homem
Um homem que já provou o seu valor
É hora de dar apoio a quem merece

Roberto Campos para senador
Roberto Campos para senador

Vote certo
Vote no Roberto
Ele é nosso
É de Mato Grosso

Vote certo
Vote no Roberto
Ele é nosso
É de Mato Grosso

Embaixador do Brasil em Londres, Roberto Campos é o homem de Mato Grosso que o mundo inteiro respeita

ELEIÇÕES DE 1988

Campanha "Francisco Rossi – prefeito de Osasco"

Francisco Rossi
Francisco Rossi
Francisco Rossi
Pra Osasco governar (bis)

Francisco Rossi
É nosso amigo

Francisco Rossi
Está em nossos corações
Com todo o amor
Nós cantamos para você
E o seu nome não vamos esquecer

Rossi para prefeito
Rossi para prefeito
Rossi para prefeito
Rossi para prefeito

Francisco Rossi
Francisco Rossi
Francisco Rossi
Pra Osasco governar

Francisco Rossi
É nosso amigo
Francisco Rossi
Está em nossos corações
Com todo amor
Nós cantamos para você
E o seu nome não vamos esquecer

Rossi para prefeito
Rossi para prefeito
Rossi para prefeito
Rossi para prefeito

ELEIÇÕES DE 1989

Campanha "Ulysses Guimarães – presidente"

Bote fé
No velhinho
O velhinho é demais
Bote fé
No velhinho
Que ele sabe o que faz
Vai limpar
O Brasil
Do Oiapoque
Ao Chuí
E acabar com a molecagem
Que tem por aí

Bote fé
No velhinho
O velhinho é demais
Bote fé
No velhinho
Que ele sabe o que faz
Vai limpar
O Brasil
Do Oiapoque
Ao Chuí
E acabar com a molecagem
Que tem por aí

Ulysses guerreiro, coragem
Com ele vamos construir
Um novo país de verdade
Dessa vez
O Brasil vai sorrir

Esta é a marcha do povo
Cante junto pra mostrar
Que sabe o que quer
Só quem sabe faz o novo
O povo não é bobo
Ulysses é o Brasil de pé

Bote fé...

ELEIÇÕES DE 1992

Campanha "Álvaro Alves – prefeito de Santa Bárbara"

Santa Bárbara vai votar para prefeito
Em alguém que é grande realizador
E não para nunca a marcha do progresso
E do povo sempre foi um defensor

Dividiu seu coração em duas partes
Uma repartiu com todos, ficou sem
E a outra deu para nossa cidade
Por amor a Santa Bárbara ele tem

Álvaro Alves Correia, número 16. Votando nele você elege Jorge Martins para vice, apoio total do prefeito Romano.

Pra prefeito, pra prefeito
Todo mundo vai votar no que convém
Álvaro Alves é o jeito
Santa Bárbara, porque eu te quero bem

Novos postos de saúde para o povo
Álvaro Alves tem o remédio para isso

E muita luz para embelezar as nossas ruas
Ideias luminosas é um compromisso

Segurança e muito mais policiamento
É o problema que ele não deixa escapar
E vão surgir muitas escolas para todos estudar (sic)
E com carinho é nele que o povo vai votar

Pra prefeito
Pra prefeito
Pra prefeito
Álvaro Alves Correia é o jeito

Campanha "Lidice da Mata – prefeita de Salvador"

Quem é essa mulher
Que luta pela comunidade
Que tem tanto amor a Salvador?

Quem é essa mulher
Com tanta integridade
Que vai ser a prefeita de Salvador? Ooó

Lidice, Lidice da Mata
Lidice, Lidice da Lapa
Lidice da Mata, Lidice da luta
Lidice do amor a Salvador, ooó

Vamos dar o voto de confiança
Vamos dar o voto da união, ooó
Pra mudar, votar em esperança
Pra reconstrução de Salvador

Lidice da Mata, Lidice da luta

Lidice do amor a Salvador, ooó
Lidice, Lidice da Lapa
Lidice, Lidice da Mata

Salvador em quem é que vai votar?
Vai votar na mulher
Salvador em quem é que vai votar?
Vai votar na mulher
Salvador em quem é que vai votar?
Vai votar na mulher
Salvador em quem é que vai votar?
Vai votar na mulher

Mas eu disse que é Lidice da Mata
Salvador, amor e luta

Campanha "Arnaldo – prefeito de Uberaba"

Vote pra prefeito de Uberaba
No grande realizador
Arnaldo quem conhece não esquece
Do seu trabalho, do seu valor

Em 15 de novembro, vote certo
Arnaldo vamos eleger
E toda Uberaba agradece
Arnaldo é para valer

Quem tem Arnaldo tudo tem
O povo é quem vai dizer
Arnaldo, Arnaldo
Quem é bom nasce feito
Arnaldo, Arnaldo
Arnaldo pra nosso prefeito

Campanha "Helio Bastos – prefeito de Bebedouro"

Olha o Helio Bastos aí, gente

Pra Bebedouro crescer
Tem que votar no trabalho
E trabalho tem nome
Helio Bastos é o homem

Pra Bebedouro crescer
Tem que votar no trabalho
E trabalho tem nome
Helio Bastos é o homem

E Bebedouro

Bebedouro é terra de gente boa
E a terra da laranja é a nossa cidade
Bebedouro quer saber de um prefeito
Com seriedade

Bebedouro quer saber de mais trabalho
E trabalho tem nome
Helio Bastos é o homem

Bebedouro quer saber de mais trabalho
E trabalho tem nome
Helio Bastos é o homem

Pra Bebedouro crescer
Tem que votar no trabalho
E trabalho tem nome
Helio Bastos é o homem

Pra Bebedouro crescer
Tem que votar no trabalho
E trabalho tem nome
Helio Bastos é o homem

Olha o Helio Bastos aí, gente

Campanha "Trombini – prefeito de Caraguatatuba"

É o Trombini, é
É o Trombini, sim
Vai ser melhor, então
Pra você e para mim

É o Trombini, é
E a coisa muda
Para prefeito
De Caraguatatuba

É o Trombini, é
É o Trombini, sim
Vai ser melhor, então
Pra você e para mim

É o Trombini, é
E a coisa muda
Para prefeito
De Caraguatatuba

Ele é inteligente, honesto e capaz
Melhor que Trombini, garanto, aqui ninguém faz
Administrando e mostrando o seu grande valor
Saneamento, saúde, progresso e turismo pra ti, eleitor
Saneamento, saúde, progresso e turismo pra ti, eleitor

É o Trombini, é
É o Trombini, sim
Vai ser melhor, então
Pra você e para mim

É o Trombini, é
E a coisa muda
Para prefeito
De Caraguatatuba

É o Trombini, é
É o Trombini, sim
Vai ser melhor, então
Pra você e para mim

É o Trombini, é
E a coisa muda
Para prefeito
De Caraguatatuba

Ele é gente da terra, não vai te esquecer
Escolha o número 15, melhor para você
Administrando e mostrando o seu grande valor
Saneamento, saúde, progresso e turismo pra ti, eleitor
Saneamento, saúde, progresso e turismo pra ti, eleitor

ELEIÇÕES DE 1993

Plebiscito – monarquia

Fique atento que chegou o dia
De coroar a democracia
Com modernidade e a melhor tradição
É sua vontade dizer sim ou não

O plebiscito, palavra difícil
Torna mais fácil encontrar a verdade
Nosso passado é o pai do futuro
Quem foi rei nunca perde a majestade
Quem foi rei nunca perde a majestade

Por isso vem, brasileiro, entrar na real
Pro nosso Brasil sair dessa afinal
A luz de uma ideia mudar o país
Justiça se faz dentro da lei
Vote no rei

Vem, brasileiro, entrar na real
Pro nosso Brasil sair dessa afinal
A luz de uma ideia mudar o país
Justiça se faz dentro da lei
Vote no rei, vote no rei, vote no rei

Plebiscito – presidencialismo

O que o povo quer mudar
É o regime alimentar
Que mata a gente de fome

E a crise do Brasil
Pelo que a gente viu
Só querem mudar de nome

Chega de papo furado
Meu ouvido está cansado
De ouvir explicação

Isso até já é deboche
Meu voto não é fantoche

Dele não vou abrir mão

Diga não à monarquia e ao parlamentarismo
Vote república
Presidencialismo
Diga não à monarquia e ao parlamentarismo
Vote república
Presidencialismo

ELEIÇÕES DE 1994

Campanha "Afanasio Jazadji – deputado estadual – São Paulo"

A segurança é nossa
A liberdade é sua
Bandido é na cadeia
Gente boa é na rua (bis)

Quando é que vamos poder ver
Nossos filhos nas calçadas
Brincadeiras de criança
Roda, dança, amarelinha, segurança?

Quando é que vamos poder ver
Nossos filhos indo pras escolas
No olhar uma esperança
A chave da segurança?
Todo mundo já sabe
É Afanasio Jazadji

No olhar uma esperança
De um futuro sem temor
Pois segurança também é amor

A segurança é nossa
A liberdade é sua
Bandido é na cadeia
Gente boa é na rua (bis)

Quando é que vou poder usar
O presente da namorada
Aquele crucifixo
Com a imagem de Jesus Cristo, pendurado?
No meu peito eu levo a esperança de viver e mais nada

No olhar uma esperança
A chave da segurança
Todo mundo já sabe
É Afanasio Jazadji

No olhar uma esperança
De um futuro sem temor
Pois segurança também é amor

A segurança é nossa
A liberdade é sua
Bandido é na cadeia
Gente boa é na rua (bis)

Quando é que vamos perceber
Que estamos sendo aprisionados
Em nossas casas sem saber?
O que fazer se a gente tentar

Abrir todas as janelas
Portas, trincos e tramelas, cadeados
Desencadear essa corrente agora eu vou
Pois segurança também é amor

No olhar uma esperança
De um futuro sem temor
Pois segurança também é amor

A segurança é nossa
A liberdade é sua
Bandido é na cadeia
Gente boa é na rua (bis)

Campanha "Mário Covas – governador de São Paulo"

Uma emoção no coração da gente
Tão de repente começa a chegar
Ali na frente, bandeira acenando
A vitória vai chegando, ele vai ganhar

Honestidade faz a diferença
Tua presença por onde passou
E lá vou eu, lá vou, lá vou eu
Covas pra governador

São Paulo é Covas governador
São Paulo é mais São Paulo, capital e interior
São Paulo é Covas governador
Brasileiro de São Paulo quer você governador

São Paulo é Covas governador
São Paulo é mais São Paulo, capital e interior
São Paulo é Covas governador
Brasileiro de São Paulo quer você governador

E lá vem ele correndo na frente
A gente sente o brilho em cada olhar
Ele é a gente, coração e mente

Ele é tudo, simplesmente, aonde se quer chegar

Sujeito livre como um pensamento
Como o vento leva o bem do amor
E lá vou eu, lá vou, lá vou eu
Covas pra governador

São Paulo é Covas governador
São Paulo é mais São Paulo, capital e interior
São Paulo é Covas governador
Brasileiro de São Paulo quer você governador

São Paulo é Covas governador
São Paulo é mais São Paulo, capital e interior
São Paulo é Covas governador
Brasileiro de São Paulo quer você governador

Campanha "Ronaldo Caiado – governador de Goiás"

Tá no rosto dessa gente
Desse povo lutador
Um sorriso diferente
É a esperança que voltou

Pra todo mundo ser feliz
Em todo canto a vida melhorar
Tristeza, sai logo daqui
Que Goiás inteiro agora vai cantar

Pra Goiás mudar, pra Goiás crescer
Não posso ficar mais parado
Vamos mudar Goiás, e ver Goiás crescer
Votando em Ronaldo Caiado (bis)

Quero segurança e decisão
Quero mais progresso nesse chão
Eu quero emprego, eu quero mais
Eu quero comida, eu quero mais
Quero Caiado

Pra Goiás mudar, pra Goiás crescer
Não posso ficar mais parado
Vamos mudar Goiás, e ver Goiás crescer
Votando em Ronaldo Caiado

Pra Goiás mudar, pra Goiás crescer
Não posso ficar mais parado
Vamos mudar Goiás, e ver Goiás crescer
Votando em Ronaldo Caiado

Campanha "Paulo Maluf – governador de São Paulo"

Sou operário, empresário, e sou lavrador
Na capital e pelos campos do interior
Sou retirante, imigrante, sou a multidão
Eu sou São Paulo e pra São Paulo dei meu coração

Eu sou colheita, sou fartura para quem plantar
Eu sou concreto, sou progresso, não posso parar
Eu sou indústria, sou estrada, eu sou construção
Em cada obra tem um pouco do meu coração

São Paulo é Paulo
Porque Paulo é trabalhador
São Paulo é Paulo
É Maluf, sim senhor

São Paulo é Paulo

Porque Paulo é trabalhador
São Paulo é Paulo
É Maluf, sim senhor

Sou essa força dia e noite
Eu não canso, não
Essa nação eu agiganto com minhas mãos
Sou essa gente que trabalha e vive a mais de mil
Eu sou São Paulo, coração deste Brasil

São Paulo é Paulo
Porque Paulo é trabalhador
São Paulo é Paulo
É Maluf, sim senhor

Campanha "Dante – governador de Mato Grosso"

Viemos de todos os cantos
Com crenças em todos os santos
Deixamos a terra natal

Com a fé que não se cansa
Juntamos a nossa esperança
Aos filhos do pantanal

Pantaneiros e imigrantes
A bem um olhar adiante
Pressentem que o tempo mudou

Que uma grande corrente
Vai dar rumo diferente
Pra terra que a gente sonhou

Bate o tambor

*Toca o berrante
Avisa que agora vem*

*Uma palavra
Livre e direta
Como pouca gente tem*

*Bate o tambor
Toca o berrante
Avisa que agora vem*

*Uma força diferente
Que mexe com a gente
É a força do bem*

*Pra despertar esse gigante
O meu coração garante
Agora é Dante e mais ninguém*

*Mato Grosso se levante
Abra o seu peito e cante
Agora é Dante e mais ninguém*

*Mato Grosso se levante
Seu governador é Dante
Agora é Dante e mais ninguém*

*Bate o tambor
Toca o berrante
Agora é Dante e mais ninguém*

*Bate o tambor
Toca o berrante
Agora é Dante e mais ninguém*

ELEIÇÕES DE 1996

Campanha "André Puccinelli – prefeito de Campo Grande"

O povo quer uma certeza pra votar
Quer escolher seu candidato e confiar
Na esperança do progresso
Na cidade
Vamos juntos trabalhar

Com André
É amor, trabalho e fé
É o povo da terra
Que vem pra votar
Em André Puccinelli
Pra prefeito
E o futuro conquistar

É o povo da terra
Que vem pra votar
Em André Puccinelli
Pra prefeito
E o futuro conquistar

É o povo da terra
Que vem pra votar
Em André Puccinelli
Pra prefeito
E o futuro conquistar

Campanha "Manoel Torres – prefeito de Caicó"

Bate a saudade
Bate forte o coração

Manoel Torres vem trazendo solução
Muito trabalho, experiência e competência
Lá vem nascendo o sol que traz a esperança

Está voltando a verdadeira honestidade
Manoel Torres é total seriedade
E Caicó mais uma vez irá vencer
E respeitados novamente vamos ser

Votar em Manoel Torres
Uma questão de honra
Prefeito competente
Honesto, experiente

Votar em Manoel Torres
Uma questão de honra
E a vice, doutora Rosane
A força da mulher

Votar em Manoel Torres
Uma questão de honra

ELEIÇÕES DE 1998

Campanha "Arraes – governador de Pernambuco"

Acende a luz do candeeiro
Toca de novo a ciranda
Que a fé em nosso conselheiro
Renova a vida e não desanda

Meu Pernambuco está ficando iluminado
Minha esperança não se desfez
É o nosso futuro abençoado

É Arraes mais uma vez

Esse eu conheço e posso confiar
Tem muita coragem e força pra lutar
Merece respeito, merece gratidão
Pernambuco tem Arraes e eu não abro mão

Não vá embora, fique mais um bocadinho
O nosso orgulho é ter sempre o seu carinho
Eu sou Arraes, eu não mudo, não
Sou Pernambuco e tenho Arraes no coração (bis)

Arraes tá aí, Arraes tá aí de novo
Arraes tá aí defendendo nosso povo
É Pernambuco respeitado por todo o país
Arraes tá aí pra gente ser feliz

Arraes tá aí, Arraes tá aí de novo
Arraes tá aí defendendo nosso povo
É Pernambuco respeitado por todo o país
Arraes tá aí pra gente ser feliz
(uma oitava acima)
Arraes tá aí, Arraes tá aí de novo
Arraes tá aí defendendo nosso povo
É Pernambuco respeitado por todo o país
Arraes tá aí pra gente ser feliz

Arraes tá aí, Arraes tá aí de novo
Arraes tá aí defendendo nosso povo
É Pernambuco respeitado por todo o país
Arraes tá aí pra gente ser feliz
Arraes tá aí pra gente ser feliz

Campanha "Mário Covas – governador de São Paulo"

Covas, eu não quero outro, não senhor
Eu quero Covas meu governador
Covas, eu não quero outro, não senhor
Eu quero Covas meu governador

Pé no chão, esse cara é diferente
Passo a passo, sabe andar pra frente
Na dificuldade ele foi competente
Quem arrumou a casa vai cuidar bem da nossa gente

Covas, eu não quero outro, não senhor
Eu quero Covas meu governador
O caminho é longo e já andamos a metade
Não quero parar nem andar pra trás

Covas, eu não quero outro, não senhor
Eu quero Covas meu governador
Covas, eu não quero outro, não senhor
Eu quero Covas meu governador
São Paulo é Covas

Campanha "Orestes Quércia – governador de São Paulo"

São Paulo é forte, valente, vencedor
São Paulo só prospera com quem é trabalhador
São Paulo quer vitória de quem já fez história
São Paulo quer e vota Quércia pra governador

Prospera São Paulo
Prospera São Paulo
Prospera São Paulo
Quércia pra governador

ELEIÇÕES DE 2000

Campanha "Cesar Maia – prefeito do Rio de Janeiro"

Atenção, esse é o momento
De decidir o futuro de nossa terra
O Rio de Janeiro, cidade generosa
Tem que voltar a ser maravilhosa

Cesar Maia tá aí
Pra mostrar pra nossa gente
A vontade e o trabalho
Em alta novamente

Mais emprego, educação
E mais saúde por aqui
Voto Cesar, Cesar, Cesar Maia
O melhor prefeito que eu já vi

Natural que eu vote no progresso
Cesar Maia e o Rio
São uma dupla de sucesso
Para ser feliz de novo, é preciso garantir

Voto Cesar, Cesar, Cesar Maia
O melhor prefeito que eu já vi
Quero ver meu Rio de esperança
O seu povo feliz, trabalhando, em segurança
Tecla 1 e depois o 4
Para voltar a sorrir
Voto Cesar, Cesar, Cesar Maia
O melhor prefeito que eu já vi
Eu voto no 14
Eu voto com a razão

Cesar Maia é a nossa grande saída
Eu voto no emprego, eu voto na escola
Eu voto na alegria, na qualidade de vida

Eu voto no 14
Eu voto com a razão
Cesar Maia é a nossa grande saída
Eu voto no emprego, eu voto na escola
Eu voto na alegria, na qualidade de vida

Prefeito é Cesar Maia
14, 14 é bom
Vote Cesar Maia
14, 14 é bom
Bom, esse cara é bom

Campanha "Itamar Borges – prefeito de Santa Fé do Sul"

Não tem comparação
Mas quem compara vota
Itamar, Itamar
Vota Itamar
Quem compara vota

Não tem comparação
Mas quem compara vota
Itamar, Itamar
15, Itamar
Quem compara vota

Itamar é corajoso e sabe bem o que faz
Na luta pelo povo, não desiste jamais
Tem vontade de lutar, Itamar é o campeão
Trabalha o tempo todo em benefício do povão

*Não tem comparação
Mas quem compara vota
Itamar, Itamar
Vota Itamar*

ELEIÇÕES DE 2002

Campanha "Aécio Neves – governador de Minas Gerais"

*Essa é a hora de a gente ter força
De ter coragem, de ter união
Vamos agora com muita esperança
E muita garra em nosso coração*

*Caminho certo, Minas segue em frente
Tá com Aécio, pelo nosso povo
Ele está perto, está junto com a gente
Está com Minas por um tempo novo*

*Eu vou de Aécio, eu vou com Aécio
Mostrar pra Minas todo o seu valor
Eu vou de Aécio, eu vou com Aécio
Eu vou de Aécio pra governador*

*Eu vou, eu vou, eu vou
45 pra governador
Eu vou, eu vou, eu vou
Eu vou de Aécio pra governador*

Aécio

*Esse é o momento de Minas ter voz
E do mineiro ver e acreditar
Minas precisa de Aécio Neves*

Pra renovar, crescer e avançar

Aécio tem a tradição e a luz
Que ilumina o nosso futuro
Tem a experiência de quem sonha e faz
E assim nos traz um tempo mais seguro

Eu vou de Aécio, eu vou com Aécio
Mostra pra Minas todo o seu valor
Eu vou de Aécio, eu vou com Aécio
Eu vou de Aécio pra governador

Eu vou, eu vou, eu vou
45 pra governador
Eu vou, eu vou, eu vou
Eu vou de Aécio pra governador (bis)

Aécio

Campanha "Henrique Meirelles – deputado federal – Goiás"

Henrique Meirelles deputado federal
4567, esse é o numeral
Henrique Meirelles deputado federal
4567, Goiás muito mais legal

Henrique Meirelles deputado federal
É Goiás arrebentando no cenário nacional
Henrique Meirelles, é nele que eu vou votar
4567, pra Goiás melhorar

Com ele Goiás vai mais longe
Você pode acreditar
4567, é nele que eu vou votar

Com ele Goiás vai mais longe
Você pode acreditar
4567, é nele que eu vou votar

4567, esse é o numeral
4567, Goiás muito mais legal
4567, pra Goiás melhorar
4567, é nele que eu vou votar

4567, esse é o numeral
4567, Goiás muito mais legal
4567, pra Goiás melhorar
4567, é nele que eu vou votar

Campanha "Brizola/ Lupi – senadores – Rio de Janeiro"

Alô, povo brasileiro
Alô, povo do Rio de Janeiro
Olha a frente trabalhista
É a força, é a força

Vote com a frente trabalhista
23 é o presidente
12 é o governador
São duas vagas pra senador

Brizola e Lupi são os votos do trabalhador
Ciro Gomes e Jorge Roberto
O triunfo é completo
Com a chapa da honradez

Leonel Brizola, 122
E Carlos Lupi, 123
122, 123

Brizola e Lupi, senadores de vocês

ELEIÇÕES DE 2004

Campanha "Vanessa Graziottin – prefeita de Manaus"

Vamos lá
Porque o tempo não para
Mão na mão
Coração manauara

Tá na hora de a gente se juntar
Pelo bem da cidade
Tá na hora de a gente transformar nossa realidade

Tá na cara que tem que renovar
O futuro é agora
Coração manauara, vamos lá
Escrever nossa história

Nós queremos Vanessa
O que a gente precisa
Que a cidade floresça
Com trabalho e justiça

Nós queremos Vanessa
Nela a gente acredita
Sua força guerreira
Sua obra divina

E vamos nessa
Vanessa
E vamos nessa
Vanessa

Tá na cara que tem que renovar
O futuro é agora
Coração manauara, vamos lá
Escrever nossa história

Nós queremos Vanessa
O que a gente precisa
Que a cidade floresça
Com trabalho e justiça

Nós queremos Vanessa
Nela a gente acredita
Sua força guerreira
Sua obra divina

E vamos nessa
Vanessa, 65
E vamos nessa
Vanessa, 65

Eu quero V, eu quero V, eu quero
Eu quero V, eu quero V, eu quero
V de vitória, V de Vanessa

Campanha "Beto Richa – prefeito de Curitiba"

Esse é o nosso lar
Curitiba
Nosso bem-estar
Nossas vidas
Tantos ideais
Tantos planos
Cidadãos curitibanos

Nós queremos o Beto
Nele a gente confia
Conhece a família
Conhece os projetos
Beto é olho no olho, riso franco
Peito aberto

É a cara da gente
É o mais competente
É o cara certo

Beto Richa, 45
Beto Richa, 45
Beto Richa, 45
Beto Richa, 45

Campanha "Carlos Augusto – prefeito de Rio das Ostras"

É 15, é 15, é Carlos Augusto
É 15, é 15, é Carlos Augusto
Rio das Ostras merece respeito
Carlos Augusto é o meu prefeito

É 15, é 15, é Carlos Augusto
É 15, é 15, é Carlos Augusto
Rio das Ostras merece respeito
Carlos Augusto é o meu prefeito

Esse coração gigante
É um guerreiro social
Vamos juntos sempre adiante
Até a vitória final

Com mais água, segurança

Turismo e educação
Com mais saúde, mais saneamento
Carlos Augusto é um futuro de realização

É 15, é 15, é Carlos Augusto
É 15, é 15, é Carlos Augusto
Rio das Ostras merece respeito
Carlos Augusto é o meu prefeito

É 15, é 15, é Carlos Augusto
É 15, é 15, é Carlos Augusto
Rio das Ostras merece respeito
Carlos Augusto é o meu prefeito

Você pode acreditar
Que tudo vai ser feito, que as obras vão continuar
Chegou o tempo de um governo que vai trabalhar por todos nós
Carlos Augusto é o prefeito, e o vice é Ronaldo Froz

É 15, é 15, é Carlos Augusto
É 15, é 15, é Carlos Augusto
Rio das Ostras merece respeito
Carlos Augusto é o meu prefeito (bis)

Campanha "Hori – prefeito de Jaboticabal"

Depende da nossa vontade
Depende da força que existe dentro de cada coração
Fazer o melhor pra cidade é ter consciência que a vida é uma grande união

União de respeito e amizade
De trabalho e honestidade

União de vozes em um só coração, querendo mudar

União de coragem e determinação
De capacidade e ação
Hori, agora é com você

Vai com fé
Vai com Hori
Agora a gente quer
Hori prefeito, é hora

Depende da nossa vontade
Fazer a cidade voltar a crescer
Avança, Jaboticabal, com Hori prefeito
Agora é pra valer

Oooooó, Hori é 23
Com Tadeu Faria vem
Oooooó, Hori é 23
Venha você também

Oooooó, Hori é 23
Com Tadeu Faria vem
Oooooó, Hori é 23
Venha você também

Campanha "Pimentel – prefeito de Belo Horizonte"

A cidade tá ficando cada dia mais bonita
Tá de cara nova, tá ficando diferente
O futuro tá chamando a gente, sente
Nossa estrela tá brilhando e vai seguir em frente

Vou de Pimentel que é melhor pra gente

Vou com ele, eu mereço
Já mostrou que faz, esse é competente
Confiança não tem preço

Vou votar seguro, eu não vou no escuro
Tô com Pimentel, eu tô, eu tô
Nossa BH não pode parar
Vou de Pimentel, eu vou, eu vou

Ele cumpre o que diz
Ele sabe fazer
Ele tem compromisso
BH quer Pimentel
Esse é bom de serviço

Ele cumpre o que diz
Ele sabe fazer
Ele tem compromisso
BH quer Pimentel
Esse é bom de serviço

Esse é bom de serviço
Esse é bom de serviço
Esse é bom de serviço

Campanha "Tebaldi – prefeito de Joinville"

Você sabe o que é governar?
É fazer a cidade sempre melhorar
Você sabe o que é governar?
A nossa cidade não pode parar

Nenhum outro tem mais condição
Tebaldi e Rodrigo são a solução

No trabalho, saúde e na educação, sem se esquecer
Do lazer e da habitação

É no Tebaldi que eu vou votar
Porque o trabalho vai continuar
É no Tebaldi que eu vou votar
Tebaldi e Rodrigo para governar

E você sabe o que é governar?
Tebaldi e Rodrigo para governar
Mas você sabe o que é governar?
É no 45 que eu vou votar

45 vai trabalhar por toda a Joinville sem parar
Dando mais conforto à população
Enchendo de orgulho o nosso coração

Nenhum outro tem mais condição
Tebaldi e Rodrigo são a solução
No trabalho, saúde e na educação, sem se esquecer
Do lazer e da habitação

Você sabe o que é governar?
É fazer a cidade sempre melhorar
Você sabe o que é governar?
A nossa cidade não pode parar

Campanha "Helio Buscarioli – prefeito de Santa Isabel"

Seja feliz
Sempre sorria que esse seu sorriso traz o amor
Seja feliz
Que a alegria a cada dia é uma nova flor

*Seja feliz
Que só a tem quem acredita de verdade
Fé e esperança pra toda a cidade
Um amigo do seu lado*

*Helio Buscarioli
É prosperidade
45 é o mais votado*

*45, Helio Buscarioli
Para prefeito, é renovação
45, Helio Buscarioli
E a cidade vai estar em boas mãos*

*45, Helio Buscarioli
Para prefeito, é renovação
45, Helio Buscarioli
Santa Isabel vai estar em boas mãos*

Campanha "Carlos Emir Júnior – vereador – Macaé"

*Carlos Emir Júnior, vereador, renovação
14.140, o voto do coração
Carlos Emir Júnior, vereador, renovação
14.140, o voto do coração*

*Ele é doutor pela sua vocação
O bem-estar de todos também é sua paixão
Ele é do povo, vai cumprir sua missão
14.140, o voto do coração*

*Carlos Emir Júnior, vereador, renovação
14.140, o voto do coração
Carlos Emir Júnior, vereador, renovação*

14.140, o voto do coração (bis)

Na hora H
Na urna da eleição
Tá no fundo do seu peito tirar a grande decisão
Carlos Emir, competência e ação
14.140, o voto do coração

Carlos Emir Júnior, vereador, renovação
14.140, o voto do coração
Carlos Emir Júnior, vereador, renovação
14.140, o voto do coração (bis)

Que atende mesmo
O sentido do dever
Saúde, ensino, emprego, nosso povo tem que ter
Carlos Emir Júnior representa o melhor
14.140, esse voto eu sei de cor

Carlos Emir Júnior, vereador, renovação
14.140, o voto do coração
Carlos Emir Júnior, vereador, renovação
14.140, o voto do coração

Carlos Emir Júnior, vereador, renovação
14.140, o voto do coração
Carlos Emir Júnior, vereador, renovação
14.140, o voto do coração

ELEIÇÕES DE 2006

Campanha "Ana Júlia Carepa – governadora do Pará"

Vem vindo a mudança

Já faz muito tempo que o Pará tem esperança
E agora tem confiança
Que a mudança vai chegar

Com Ana Júlia no governo
Vai ter mais educação
Mais emprego e mais saúde
Segurança e produção

É por isso que a gente decidiu
Que quer mudar
Vai votar numa guerreira
E o Pará vai melhorar

O Pará vai ter mudança
Vai de 13 pra ganhar
Ana Júlia é o povo no governo do Pará

O Pará vai ter mudança
Vai de 13 pra ganhar
Ana Júlia é o povo no governo do Pará

O Pará vai ter mudança
Vai de 13 pra ganhar
Ana Júlia é o povo no governo do Pará
Ana Júlia, bem-vinda a mudança (bis)

Campanha "Germano Rigotto – governador do Rio Grande do Sul"

Vem ver como é importante o Rio Grande inteiro em paz
Vem ver a grande força que a união nos traz
Vem ver como é importante o Rio Grande inteiro em paz
Vem ver a grande força que a união nos traz

Pega a bandeira da confiança, canta junto essa canção
Vem com a gente, dá a mão
E segue com Rigotto que o Rio Grande quer trabalho e união

Vamos fazer ainda mais
Vamos com nossa paixão
Vamos seguir com Rigotto
Vamos de coração (bis)

Campanha "João Lyra – governador de Alagoas"

É, por amar demais esse lugar
Nossa terra linda, nossa terra boa
Por essa gente que merece muito mais
E pelo bem de toda Alagoas

Ele é competente, realizador
O povo canta da capital ao interior
Pelo emprego, pra vencer o atraso
João Lyra é o meu governador
Pelo emprego, pra vencer o atraso
João Lyra é o meu governador

João Lyra é o cara experiente, capaz
João Lyra é o 14, com energia e muito gás
Com Celso Luís fazendo acontecer
João Lyra é Alagoas crescendo pra valer

João Lyra é o cara experiente, capaz
João Lyra é o 14, com energia e muito gás
Com Celso Luís fazendo acontecer
João Lyra é Alagoas crescendo pra valer

Campanha "Vilma – governadora do Rio Grande do Norte"

A vitória do povo tá na rua
Gritando "Vilma" com emoção
A vitória do povo tá na rua
Vestindo a cor do seu coração

Vermelhou, vermelhou, vermelhou
Vermelho é a minha alegria
Minha felicidade é a minha paixão
Vermelho é essa chama que não se apaga no meu coração

Levante a mão fazendo
V de Vilma, V da vitória, V de vencer
É todo mundo ligado, no estado inteiro
Só se ouve esse grito guerreiro

Eu quero Vilma de novo
Eu quero vitória do povo
Eu quero Vilma de novo
Eu quero vitória do povo

Eu quero Vilma de novo
Eu quero vitória do povo
Eu quero Vilma de novo
Eu quero vitória do povo

Campanha "Mercadante – senador – São Paulo"

Um jeito certo de quem é experiente
Um jeito sério de quem pensa diferente
Com novas ideias
E de um jeito interessante

*São Paulo tem jeito
É o jeito de Mercadante
São Paulo tem jeito
É o jeito de Mercadante*

*Um jeito firme de tratar de qualquer problema
Um jeito que a gente sabe que é bom, que vale a pena
Um jeito que faz
Um jeito que garante*

*São Paulo tem jeito
É o jeito de Mercadante
São Paulo tem jeito
É o jeito de Mercadante*

*Da capital, o jeito do interior
Um jeito assim a gente sabe o valor
Pra ser feliz
E seguir adiante*

*São Paulo tem jeito
É o jeito de Mercadante
São Paulo tem jeito
É o jeito de Mercadante*

*Um jeito seguro, jeito que é competente
Jeito de verdade, que é a cara da gente
São Paulo quer ser cada vez mais gigante*

*São Paulo tem jeito
É o jeito de Mercadante
São Paulo tem jeito
É Lula e Mercadante*

O nosso estado quer paz e alegria
A nossa casa quer o pão de cada dia
Os nossos filhos, um futuro mais brilhante

São Paulo tem jeito
É o jeito de Mercadante
São Paulo tem jeito
É Lula e Mercadante

Campanha "Afif – senador – São Paulo"

São Paulo quer um homem batalhador
252, Afif senador
São Paulo quer um homem batalhador
252, Afif senador

É competente, é homem de ação
São Paulo com Afif está em boas mãos
Quem sabe faz, não deixa pra depois
Ele é rápido e capaz, vote 252

São Paulo quer um homem batalhador
252, Afif senador
São Paulo quer um homem batalhador
252, Afif senador

Eu sou Afif e ele vai lutar por nós
Afif no Senado é a nossa voz
Vamos em frente, minha gente, lado a lado
Com Serra no governo e Afif no Senado

Eu sou Afif e ele vai lutar por nós
Afif no Senado é a nossa voz
Vamos em frente, minha gente, lado a lado

Com Geraldo presidente, Serra no governo e Afif no Senado

São Paulo quer um homem batalhador
252, Afif senador
São Paulo quer um homem batalhador
252, Afif senador

Campanha "Walter Feldman – deputado federal – São Paulo"

Mais segurança, saúde, mais emprego
Dignidade e educação
Bem mais justiça pro Brasil reconhecer
O que São Paulo é pra nação

Pra ser assim
Que Walter Feldman
Vai lutar pra conseguir
Chegou enfim a nossa hora de votar, de reagir

Com Tuma, com Serra, com Zé e Geraldo
Em todas as regiões do estado
Podem votar pra ter afinal
Um deputado federal

4.570, Walter
Deputado federal
4.570, Walter
Deputado federal

Com Tuma, com Serra, com Zé e Geraldo
Em todas as regiões do estado
Podem votar pra ter afinal
Um deputado federal

4.570, Walter
Deputado federal
4.570, Walter
Deputado federal

ELEIÇÕES DE 2008

Campanha "Darcy Vera – prefeita de Ribeirão Preto"

Vale a pena acreditar nessa mulher
Alma guerreira, mulher lutadora
Coração cheio de fé
Desde cedo foi à luta
Na colheita do algodão

Ninguém como ela
Conhece melhor o nosso chão
Darcy Vera, vem cuidar da nossa Ribeirão

Vale a pena acreditar
Porque ela sabe como fazer
Darcy Vera, com a fé do povo
Vai à luta pra vencer

Vale a pena acreditar
Na coragem dessa mulher
Darcy Vera é a prefeita
Pra Ribeirão que a gente quer

A nossa cidade agora vai andar pra frente
A mão que cuidou da terra vai cuidar da gente
Ribeirão quer uma cara nova
E abre os braços pra você

*Você é a esperança e a alegria
Do nosso coração
Darcy Vera, vem cuidar da nossa Ribeirão*

*Vale a pena acreditar
Porque ela sabe como fazer
Darcy Vera, com a fé do povo
Vai à luta pra vencer*

*Vale a pena acreditar
Na coragem dessa mulher
Darcy Vera é a prefeita
Pra Ribeirão que a gente quer*

*Vale a pena acreditar
Porque ela sabe como fazer
Darcy Vera, com a fé do povo
Vai à luta pra vencer*

*Vale a pena acreditar
Na coragem dessa mulher
Darcy Vera é a prefeita
Pra Ribeirão que a gente quer*

Campanha "Eduardo Ambar – prefeito de Águas de Lindoia"

*Faz um 11 aí, com satisfação
Quando o povo gosta, não muda, não
Águas de Lindoia não pode parar
Eduardo Ambar vai continuar*

*Eduardo já mostrou que é capaz
E é hora de fazer muito mais*

A sua energia, força viva, é chama
Que acende o progresso, a gente não se engana

Juventude e competência ele tem
E o melhor, honestidade também
Agora é com a gente
Vamos acreditar
Deixa o homem trabalhar

Faz um 11 aí, com satisfação
Quando o povo gosta, não muda, não
Águas de Lindoia não pode parar
Eduardo Ambar vai continuar

Eduardo tem que continuar
E o que é bom com ele vai melhorar
Turismo, saúde, educação pra valer
Eduardo resolve o que é pra resolver
Atenção quando chegar a eleição

Faz o 11, faça de coração
Eduardo Ambar prefeito outra vez
Com honestidade, brilho e rapidez

Faz um 11 aí, com satisfação
Quando o povo gosta, não muda, não
Águas de Lindoia não pode parar
Eduardo Ambar vai continuar

Campanha "José Fogaça – prefeito de Porto Alegre"

Eu quero alguém
Que me dê esperança
Eu quero alguém

*Com a cara da cidade
O jeito certo da mudança
Eu quero alguém
De alma tranquila
Eu quero alguém
Que seja tão forte como o sol que brilha*

*Eu quero alguém
Que sempre onde passe
Respeite a cidade
Que ouça e que faça
Eu quero alguém
Com jeito e com raça
A gente quer de novo Fogaça*

*Fogaça, Fogaça, Fogaça
Eu quero a cidade
Com toda a sua graça
Nas ruas, nas casas
Nas vilas, nas praças
O amor não acaba
A paixão nunca passa
A gente quer de novo Fogaça (bis)*

*Fogaça, Fogaça, Fogaça
Eu quero a cidade
Com toda a sua graça
Nas ruas, nas casas
Nas vilas, nas praças
O amor não acaba
A paixão nunca passa
A gente quer de novo Fogaça*

Campanha "Biscoito – prefeito de Ibirá"

Tá na boca do povo
Ibirá quer mudança, Edivar e Biscoito
Tá na boca do povo
Ibirá quer mudança, Edivar e Biscoito (bis)

É o progresso chegando pra ficar
Ibirá escolheu, vai votar no Biscoito e no Edivar
Tá na hora de mudar
Biscoito prefeito, a cidade tem jeito, voto 22

Tá na boca do povo
Ibirá quer mudança, Edivar e Biscoito
Tá na boca do povo
Ibirá quer mudança, Edivar e Biscoito (bis)

Saúde e asfalto, educação
E o nosso turismo fazendo a nossa cidade crescer
Seriedade em tudo que faz
Ibirá escolheu, vai votar no Biscoito e no Edivar

Campanha "Kassab – prefeito de São Paulo"

São Paulo tá melhor, tá no rumo, tá andando
São Paulo com Kassab tá sempre melhorando
São Paulo tá melhor, tá no rumo, tá andando
São Paulo com Kassab tá sempre melhorando

A escola é de tijolo, hoje tá educando
O leite é bem melhor que as crianças tão tomando
O remédio chega em casa, eu não fico procurando
Até obra do metrô a Prefeitura tá pagando

Tem cidade limpa
Todo mundo tá gostando
A saúde, com as AMAs, já tá caminhando
Botou pra funcionar tudo isso em dois anos
Aí vem muito mais, agora são quatro anos

São Paulo tá melhor, tá no rumo, tá andando
São Paulo com Kassab tá sempre melhorando
São Paulo tá melhor, tá no rumo, tá andando
São Paulo com Kassab tá sempre melhorando

Campanha "Hilton – prefeito de Salvador"

Eu quero Hilton, 50
Na capital da resistência
Salvador (bis)

Eu quero Hilton, 50
Pois com o Hilton
É fé, é povo, é consciência

Chega de vender nossa cidade
O desemprego e a violência têm causado muita dor
Somos a esquerda de verdade
Que vem pra lutar contra a velha política
Na cidade de Salvador

Os outros estão aí
Há muito tempo
Destruindo nossa história
Leiloando nosso chão
Nova frente socialista
Negra, índia e popular
Pra mudar a situação

Do povo de Salvador

Salvador é muito bela
Tem um povo sem igual
Tem mulheres de coragem
Batalhando sol a sol
Saúde, educação e moradia
Um futuro de esperança
Com o Hilton a decisão
É do povo de Salvador

Eu quero Hilton, 50
Na capital da resistência
Salvador (bis)

Eu quero Hilton, 50
Pois com o Hilton
É fé, é povo, é consciência

ELEIÇÕES DE 2010

Campanha "Dilma Rousseff – presidente"

Despedida
Deixo em tuas mãos o meu povo
E tudo que mais amei
Mas só deixo porque sei
Que vais continuar o que fiz
E meu país será melhor
E o meu povo mais feliz
Do jeito que eu sonhei e sempre quis

Quando passo no meu Nordeste
Vejo quanto já fizemos

Mais ainda o que farás
Sei que pelo Sul tu tens carinho
Porque ele te acolheu
Quando precisavas mais
Sei que amas o Sudeste
Meu São Paulo, nosso Rio
E tua Minas Gerais
Que te viu jovem e valente
E logo te verá
Primeira presidente

No Norte sei que jamais
O povo, a mata e as águas esquecerás
E no Centro-oeste eu sei que cuidarás da semente
Que com muito amor plantei
Agora as mãos de uma mulher vão nos conduzir
Eu sigo com saudade, mas feliz a sorrir
Pois sei, o meu povo ganhou uma mãe
Que tem um coração que vai do Oiapoque ao Chuí

Campanha "José Serra – presidente"

Eu quero Serra
Eu quero Serra
Eu quero Serra
Quero, eu quero, eu quero
Eu quero Serra
Quero, eu quero, eu quero
Eu quero Serra
Quero, eu quero, eu quero
Eu quero Serra
Quero, eu quero, eu quero
Eu quero Serra

Serra porque é bom
Serra porque faz
Serra porque sabe
Como avançar mais
Serra porque é
Correto e boa gente
Serra porque é
O mais competente

Agora é Serra
Pra cuidar dessa nação
Agora é Serra
Pra cuidar da gente
Eu quero Serra
Não tem comparação
Eu quero Serra
Nosso presidente

Serra porque é
O mais preparado
Serra porque tem
Um caminho pro futuro
Serra porque sempre
Teve do meu lado
Serra porque eu quero
O melhor e mais seguro

Agora é Serra
Pra cuidar dessa nação
Agora é Serra
Pra cuidar da gente
Eu quero Serra
Não tem comparação
Eu quero Serra

Nosso presidente

Agora é Serra
Pra cuidar dessa nação
Agora é Serra
Pra cuidar da gente
Eu quero Serra
Não tem comparação
Eu quero Serra
Nosso presidente

Agora é Serra
Pra cuidar dessa nação
Agora é Serra
Pra cuidar da gente
Eu quero Serra
Não tem comparação
Eu quero Serra
Nosso presidente

Quero, eu quero, eu quero
Eu quero Serra
Quero, eu quero, eu quero
Eu quero Serra
Quero, eu quero, eu quero
Eu quero Serra
Quero, eu quero, eu quero
Eu quero Serra

Campanha "Cid Gomes – governador do Ceará"

O Ceará tá melhorando, tá melhorando
Tá aí pra todo mundo ver, todo mundo ver
Tem tanta coisa acontecendo

E muito mais ainda vai acontecer

O nosso povo sabe disso
E pensando nisso pede pro Cid ficar
Por que ele faz e faz benfeito
É sério, é direito, sabe trabalhar

Cid Gomes é bom de serviço
Não esqueça isso na hora de votar

E vai ficar melhor

Pro Ceará ficar melhor, ooó
Cid pra governador, ooó
A gente quer ele de novo
É o que diz o nosso povo na capital e interior, ooó

Pro Ceará ficar melhor, ooó
Cid pra governador, ooó
Pro Ceará seguir em frente
Cid Gomes está com a gente
O grande salto começou

Tem coisa boa vindo aí por todo lado
Mas Cid sabe que tem muito o que fazer
Com ele a gente está em boas mãos
Porque ele cumpre o que promete, porque ele faz

Com Cid governador
Pra fazer ainda mais
Pra fazer ainda mais

Você vai ver

Pro Ceará ficar melhor, ooó
Cid pra governador, ooó
A gente quer ele de novo
É o que diz o nosso povo na capital e interior, ooó

Pro Ceará ficar melhor, ooó
Cid pra governador, ooó
Pro Ceará seguir em frente
Cid Gomes está com a gente
O grande salto começou

Cuidar do quarteirão, educação profissional, estradas em todo o estado, hospitais no interior
Pode esperar, vem muito mais por aí
Com Cid Gomes de novo governador

Com Cid Gomes
De novo governador

Pro Ceará ficar melhor, ooó
Cid pra governador, ooó
A gente quer ele de novo
É o que diz o nosso povo na capital e interior, ooó

Pro Ceará ficar melhor, ooó
Cid pra governador, ooó
Pro Ceará seguir em frente
Cid Gomes está com a gente
O grande salto começou

Cid é meu governador
Cid é meu governador

Campanha "Collor – governador de Alagoas"

Quem tem paixão pelo seu povo
Decide também com o coração
Governa para os mais carentes
Praqueles de pé no chão
E quer o povo no governo
Quando tomar uma decisão

Deixa que com o povo me entendo eu
Voto no Collor, voto no 14
Porque toda Alagoas me conhece
Voto no Collor, voto no 14

Eu nunca esqueço do meu povo
Voto no Collor, voto no 14
Por isso que meu povo não me esquece
Voto no Collor, voto no 14

Deixa que com o povo me entendo eu
Voto no Collor, voto no 14
Porque toda Alagoas me conhece
Voto no Collor, voto no 14

Eu nunca esqueço do meu povo
Voto no Collor, voto no 14
Por isso que meu povo não me esquece
Voto no Collor, voto no 14

É o povo no governo
Esse governo é do povo
Já votei no Collor e vou votar de novo
É o povo no governo
Esse governo é do povo

Já votei no Collor e vou votar de novo

É o povo querendo Collor
Vote no 14
É o Collor junto com o povo
Vote no 14
Vamos juntos Alagoas
Vote no 14
Pra um futuro novo
Vote no 14

É o povo querendo Collor
Vote no 14
É o Collor junto com o povo
Vote no 14
Vamos juntos Alagoas
Vote no 14
Pra um futuro novo
Vote no 14

É Lula apoiando Collor
É Collor apoiando Dilma
Pelos mais carentes
É Lula apoiando Dilma
É Dilma apoiando Collor
Para o bem da nossa gente

É Lula apoiando Collor
É Collor apoiando Dilma
Pelos mais carentes
É Lula apoiando Dilma
É Dilma apoiando Collor
Para o bem da nossa gente
E os três pro bem da gente

Toda nossa Alagoas vai votar no Collor

Campanha "Tiririca – deputado federal – São Paulo"

2222
Tiririca é federal
2222
Deputado federal

É trabalho, é seriedade
É respeito por você
Compromisso com a verdade
Ele é do povo, pode crer

2222
Tiririca é federal
2222
Deputado federal

Pra gente seguir em frente
Basta você digitar
2222
Bem facinho de lembrar

2222
Deputado federal
2222
Tiririca é federal

Campanha "Itamar Borges – deputado estadual – São Paulo"

Quem tem fé no coração
Quem quer o bem do povão

*Chega sempre em primeiro lugar
Itamar, Itamar Borges*

*Tem que ser Itamar
Pra região, e o estado, ganhar
Tem que ser Itamar
O meu deputado
Itamar é o deputado da gente*

*Nele eu acredito, sim
Ele sempre faz o que diz
Tem que ser Itamar
Pra gente ser bem mais feliz*

*Itamar é competente
Vem com a gente
Vem com Itamar
15.300, o meu deputado
15.300, Itamar, Itamar
É o deputado da gente*

*Sem ser deputado
Itamar faz muito
E como deputado
Fará muito mais
Muito mais, muito mais, muito mais*

*Itamar é competente
Vem com a gente
Vem com Itamar
15.300, o meu deputado
Itamar Borges
É o deputado da gente*

*Itamar é competente
Vem com a gente
Vem com Itamar
15.300, o meu deputado
Itamar Borges
É o deputado da gente*

*15.300, Itamar
É o deputado da gente
É Itamar
15.300, Itamar
É o deputado da gente
É Itamar, Itamar*

Campanha "Vitor Ardito – deputado estadual – São Paulo"

*45.225 pra mudar
Em Vitor Ardito Pinda pode confiar
45.225 pra crescer Pinda
Com Vitor Ardito tá na frente, pode crer*

*Com experiência, Pinda resolve
Pois Vitor Ardito já trabalhou por você
Está de volta, isto é dedicação
É ver Pinda com saúde, segurança, educação*

*Vitor Ardito deputado estadual
Nossa cidade conhece, é homem trabalhador
Vitor Ardito, PSDB unido
Com Geraldo Alckmin pra governador*

*Com experiência, Pinda resolve
Pois Vitor Ardito já trabalhou por você
Está de volta, isto é dedicação*

Pra ver Pinda com saúde, segurança, educação

Vitor Ardito deputado estadual
Nossa cidade conhece, é homem trabalhador
Vitor Ardito, PSDB unido
Com Geraldo Alckmin pra governador

REFERÊNCIAS BIBLIOGRÁFICAS

AGUIAR, Ronaldo Conde. *Almanaque da Rádio Nacional*. Rio de Janeiro: Casa da Palavra, 2007.

ALBERTO, Carlos Almeida. *A cabeça do brasileiro*. Rio de Janeiro: Record, 2007.

_____. *A cabeça do eleitor*. Rio de Janeiro: Record, 2008.

ALBIN, Ricardo Cravo. *Dicionário Houaiss da música popular brasileira*. Rio de Janeiro: Paracatu, 2006.

ALBUQUERQUE, José Augusto Guilhon. *ABC do candidato*. São Paulo: Babel, 1987.

ALENCAR, Edgar de. *O carnaval carioca através da música*. Rio de Janeiro: Francisco Alves, 1978.

ANDRADE, Sérgio Arapuã de. *Como vencer eleições usando TV e rádio*. São Paulo: Nobel, 1996.

ÁVILA, Luis Fernando; CALDEIRA, Dimitri. *10 anos sem Tancredo* [filme/vídeo]. Direção: Luis Fernando Ávila; produção: Dimitri Caldeira. Brasil: TV Cultura/Fundação Padre Anchieta, 1994 (DVD).

BACK, Sylvio. *A revolução de 30* [filme/vídeo]. Direção: Sylvio Back; produção: Sylvio Back. Brasil: Sylvio Back Produções Cinematográficas, 1980 (35 mm, 118 min, PB).

BARRETO, Roberto Menna. *Criatividade em propaganda*. São Paulo: Summus, 1982.

BAUER, Martin W.; GASKELL, George. *Pesquisa qualitativa com texto, imagem e som*. Petrópolis: Vozes, 2002.

BRANCO, Luciene V. *Mark-óbvio: o marketing fácil para pequenos e microempresários*. São Paulo: Summus, 1998.

BRICKMANN, Carlos. *A vida é um palanque*. São Paulo: Globo, 1994.

_____. *Guia básico do candidato*. São Paulo: Voice e Winners, 1998.

BROWN, J. A. C. *Técnicas de persuasão*. Rio de Janeiro: Zahar, 1976.

CAPANEMA, Rafael. "Rei dos jingles". *Almanaque da cultura popular*. São Paulo, ano 9, n. 102, p. 9, out. 2007.

CARLIER, Nicolas; VASSILJEAN, Nicolas. *Propaganda e o poder da imagem* [filme/vídeo]. Direção: Nicolas Carlier; produção: Nicolas Vassiljean. França/Brasil: TF1/TV Cultura, 1987 (VHS).

CARRASCOZA, João Anzanello. *A evolução do texto publicitário*. São Paulo: Futura, 1999.

CASÉ, Rafael. *Programa Casé: o rádio começou aqui*. Rio de Janeiro: Mauad, 1995.

CASTELO BRANCO, Renato; MARTENSEN, Rodolfo Lima; REIS, Fernando (coords.). *História da propaganda no Brasil*. São Paulo: T. A. Queiroz, 1990.

CIS, Ricardo; SANTOS, Alexandre. *Jânio, a imagem de um presidente* [filme/vídeo]. Direção: Ricardo Cis; produção: Alexandre Santos. Brasil: TV Record, 1991.

COMERLATTO, Tadeu. *Inteligência política*. Florianópolis: Cooperfil, 2000.

_____. *Como vencer eleições*. Florianópolis: Cooperfil, 2002.

_____. *Campanha eleitoral – Dez mandamentos*. Florianópolis: Cooperfil, 2004.

"COMO fazer uma campanha publicitária". *AlaVip*, s.d. Disponível em: <http://www.alavip.com.br/publicidade_campanha.htm>. Acesso em: 30 maio 2008.

COSTA, A.; SILVA, N.M.; BIANCO, T. *Jingle: sucesso na comunicação de massa*. Monografia de conclusão de curso apresentada à Universidade de Ribeirão Preto (SP), curso de Comunicação Social, 2003.

COSTA, Nelson Eduardo Pereira da. *Manual de táticas eleitorais*. Cuiabá: KCM, 2004.

COUTO, Evandro Viana; PANKE, Luciana. "O jingle na publicidade e na propaganda", s.d. Disponível em: <http://www.davidbraga.com.br/pt_br/artigos/?IDArtigo=50> . Acesso em: 5 jan. 2008.

CPDOC. "Verbete biográfico – A campanha eleitoral de 1950", s.d. Disponível em: <http://www.cpdoc.fgv.br/dhbb/verbetes_htm/5458_40.asp> .

"CRONOLOGIA". *Ao Chiado Brasileiro*, s.d. Disponível em: <http://aochiadobrasileiro.webs.com/Cronologia/cronologia1902.htm>. Acesso em: 29 abr. 2011.

DAVIS, Nick; DAVIS, Peter. *Kennedy, o mito* [filme/vídeo]. Direção: Nick Davis; produção: Peter Davis. Estados Unidos: Rede CBS, 1993 (VHS).

DE POLI, Silvia Thais. "A função sinestésica do jingle político". Trabalho apresentado no II Congresso da Associação Brasileira de Pesquisadores em Comunicação e Política (Compolítica). Belo Horizonte, 5-7 dez. 2007. Disponível em: <http://www.compolitica.org/home/wp-content/uploads/2011/01/sc_epp-thais.pdf>. Acesso em: 30 abr. 2011.

DIAS, Marcia Tosta. *Os donos da voz: indústria fonográfica brasileira e mundialização da cultura*. São Paulo: Boitempo, 2000.

DICIONÁRIO *Priberam da Língua Portuguesa* [*on-line*], 2010. Disponível em: <http://www.priberam.pt/dlpo/>. Acesso em: 26 abr. 2011.

DOMENACH, Jean-Marie. *A propaganda política*. 2. ed. São Paulo: Difel, 1963.

FARHAT, Said. *Dicionário parlamentar e político*. São Paulo: Editora Fundação Petrópolis, 1996.

FIGUEIREDO, Carlos. *Técnicas de campanha eleitoral*. São Paulo: Ibrasa, 1986.

FIGUEIREDO, Ney Lima. *Direto ao poder: estratégias de marketing político*. Campinas: Cartgraf, 1985.

_____. *Como ganhar uma eleição*. São Paulo: Cultura Editores Associados, 1990.

_____. *Jogando para ganhar: marketing político – Verdade e mito*. São Paulo: Geração, 1994.

_____ (org.). *Políticos ao entardecer*. São Paulo: Editora de Cultura, 2007.

FIGUEIREDO, Rubens. *O que é marketing político?* São Paulo: Brasiliense, 1994.

_____ (org.). *Marketing político em tempos modernos*. Rio de Janeiro: Fundação Konrad Adenauer, 2008.

_____; LAMOUNIER, Bolívar. *As cidades que dão certo*. Brasília: MH Comunicação, 1996.

_____; MALIN, Mauro (orgs.). *A conquista do voto*. São Paulo: Brasiliense, 1994.

FREIRE, Américo. "Redemocratização e eleições de 1945". Rio de Janeiro: FGV, s.d. Disponível em: <http://cpdoc.fgv.br/producao/dossies/AEraVargas2/artigos/DoisGovernos/Redemocratizacao>. Acesso em: 1º maio 2011.

FUNDAÇÃO JOÃO PINHEIRO. *Belo Horizonte & o comércio – 100 anos de história*. Belo Horizonte: FJP, 1997.

GALLO, Carmine. *Comunicação é tudo*. São Paulo: Landscape, 2007.

GOMES, Tiago de Melo; SEIGEL, Micol. "Sabina das Laranjas: gênero, raça e nação na trajetória de um símbolo popular, 1889-1930". *Revista Brasileira de História*, São Paulo, v. 22, n. 43, p. 171-93, 2002.

Gracioso, Francisco. *Contato imediato com marketing*. São Paulo: Global, 1986.

_____. *Marketing – O sucesso em 5 movimentos*. São Paulo: Atlas, 1997.

Grandi, Rodolfo; Marins, Alexandre; Falcão, Eduardo (orgs.). *Voto é marketing, o resto é política*. Rio de Janeiro: Loyola, 1992.

Hale, Juan. *La radio como arma política*. Barcelona: Gustavo Gilli, 1979.

"Homenagem a Sivan Castelo Neto". *ABI Online*, 4 maio 2007. Disponível em: <http://www.abi.org.br/primeirapagina.asp?id=1983>. Acesso em: 30 jan. 2008.

Ibeac – Instituto Brasileiro de Estudos e Apoio Comunitário. *Meios de comunicação e eleições*. São Paulo: Ibeac, 1989.

Izurieta, Roberto; Perina, Rubén; Arterton, Christopher. *Estrategias de comunicación para gobiernos*. Buenos Aires: La Crujia, 2002.

Kosteski, Claudino. *Vencendo sempre eleições*. Curitiba: Imagem – Pesquisa, Treinamento e Marketing, 1999.

Kotler, Philip. *Marketing para organizações que não visam o lucro*. São Paulo: Atlas, 1978.

_____. *Administração de marketing: análise, planejamento, implementação e controle*. São Paulo: Atlas, 1995.

_____. *Administração de marketing*. São Paulo: Atlas, 1998.

_____; Armstrong, Gary. *Princípios de marketing*. 9. ed. São Paulo: Pearson Education do Brasil, 2003.

_____; Keller, Kevin. *Administração de marketing*. 12. ed. São Paulo: Prentice Hall, 2006.

Koughan, Martin. *The 30 seconds president* [filme/vídeo]. Direção e produção: Martin Koughan. Estados Unidos: PBS Home Video, 1984 (VHS).

Kuntz, Ronald A. *Manual de campanha eleitoral*. São Paulo: Global, 1986.

_____; Luyten, Joséph M. *Marketing político: a eficiência a serviço do candidato*. São Paulo: Global, 1982.

Lamounier, Bolívar (org.). *Ouvindo o Brasil*. São Paulo: Sumaré, 1992.

Lemos, Cristina. *O jingle político brasileiro: da pré-história do rádio ao desenvolvimento das campanhas eleitorais radiofônicas (1910-1960)*. 2004. Dissertação (Mestrado) – Universidade Tuiuti do Paraná, Curitiba, Paraná.

Lima, Anderson. "A música que vale uma nota". *Pronews*, ano VIII, n. 95, 15 nov./15 dez. 2007. Disponível em: <http://www.revistapronews.com.br/edicoes/95/capa.html>. Acesso em: 29 jan. 2008.

Lins da Silva, Carlos Eduardo. *O marketing eleitoral*. São Paulo: Publifolha, 2002.

Lisboa, João Francisco. *Jornal de Timon*. Brasília: Alhambra, 1985.

Lourenço, Luiz Cláudio. "Jingles políticos: estratégia, cultura e memória nas eleições brasileiras". 2007. Disponível em: <http://www.opiniaopublica.ufmg.br>. Acesso em: 30 abr. 2011.

Manhanelli, Carlos A. *Estratégias eleitorais: marketing político*. São Paulo: Summus, 1988.

_____. *Eleição é guerra: marketing para campanhas eleitorais*. São Paulo: Summus, 1992a.

_____ (org.). *Guia das eleições municipais/92*. São Paulo: Guia, 1992b.

_____ (org.). *O uso do marketing político na gestão governamental*. São Paulo: Guia, 1993.

_____. *Marketing pós-eleitoral*. São Paulo: Summus, 2004.

_____ (org.). *Marketing eleitoral*. São Paulo: ABCOP, 2008.

_____; Martins, Paulo. *COBEEMAPO – Resumo do Congresso de Marketing Político* [filme/vídeo]. Direção: Carlos Manhanelli; produção: Paulo Martins. Brasil: Central Brasileira de Vídeo – Cebravi, 1992 (VHS).

Marcondes Filho, Ciro (org.). *Política e imaginário nos meios de comunicação para massas no Brasil*. São Paulo: Summus, 1985.

Martins, Fábio. *A cidade e o rádio*. Belo Horizonte: C/Arte, 1999.

Martins, Franklin. "Som na caixa". *Conexão Política*, s.d. Disponível em: <http://www.franklinmartins.com.br/som_na_caixa.php>. Acesso em: 29 abr. 2011.

Martins, Jorge S. *Redação publicitária*. São Paulo: Atlas, 1997.

Mattos, Laura. "Autor de hits da Varig fala sobre a companhia". *Folha de S.Paulo*, São Paulo, 30 abr. 2006. Disponível em: <http://www1.folha.uol.com.br/folha/ilustrada/ult90u60044.shtml>. Acesso em: 27 jan. 2008.

Mauricio, Talis. "Jingle, método eficiente para convencer os eleitores". *Observatório da Imprensa*, ano 16, n. 399, 19 set. 2006. Disponível em: <http://www.observatoriodaimprensa.com.br/artigos.asp?cod=399JDB010#>. Acesso em: 30 abr. 2011.

Melo Filho, Murilo. *Testemunho político*. São Paulo: Elevação, 1999.

Mendes, George et al. *Marketing eleitoral, a viagem da reeleição – O caso Teresina 2000*. Teresina: Plug Propaganda e Marketing, 2001.

Mendonça, Duda. *Casos e coisas*. São Paulo: Globo, 2001.

Monteiro, Geraldo T. M. (org.). *Manual prático de campanha eleitoral*. Rio de Janeiro: Gramma, 2004.

Morais, Fernando. "Sobre jingles políticos". *Folha de S.Paulo*, São Paulo, 22 set. 2002. Disponível em: <http://www1.folha.uol.com.br/folha/brasil/ult96u38289.shtml>. Acesso em: 30 abr. 2011.

Moreira, Sonia V. *Rádio Palanque*. Rio de Janeiro: Mil Palavras, 1998.

MXStudio. "O que é um briefing", 24 maio 2004. Disponível em: <http://www.mxstudio.com.br/forum/topic/3389-o-que-e-um-briefing/>. Acesso em: 10 dez. 2008.

Nascimento, Marco; Freitas, Cristianna. *Collor – Do voto ao veto* [filme/vídeo]. Direção: Marco Nascimento; produção: Cristianna Freitas. Brasil: TV Cultura/Fundação Padre Anchieta, 1992 (VHS).

Nêumane, José. *Atrás do palanque*. São Paulo: Siciliano, 1989.

Nicolau, Jairo. *História do voto no Brasil*. Rio de Janeiro: Zahar, 2002.

Nivaldo Jr., José. *Maquiavel: o poder – História e marketing*. Recife: Makplan, 1991.

Noblat, Ricardo. *Sorria por mim, Argentina: uma análise das eleições argentinas de 1991*. Brasília: Diretoria de Marketing Político e Institucional – Propeg, 1991.

Nunes, Augusto. *Tancredo*. São Paulo: Nova Cultural, 1988.

Oliveira, Marcos Orlando de; Comerlatto, Tadeu. *Como vencer uma eleição passo a passo* [filme/vídeo]. Direção: Marcos Orlando de Oliveira; produção: Tadeu Comerlatto. Brasil: Oficina de Ideias, 2002 (DVD).

Ortriwano, Gisela Swetlana. *A informação no rádio: os grupos de poder e a determinação dos conteúdos*. São Paulo: Summus, 1985.

Pacheco, Cid (org.). *Voto é marketing?* Rio de Janeiro: Editora UFRJ, 1993.

Packard, Vance. *Nova técnica de convencer*. São Paulo: Ibrasa, 1980.

Pandiani, Gustavo Martínez. *Marketing político*. Buenos Aires: Ugerman, 2007.

Parâmetros – Unicamp. Campinas: Universidade Estadual de Campinas (Unicamp), s.d. Disponível em: <http://www.ic.unicamp.br/~luciano/fama/parametros.rtf>. Acesso em: 28 abr. 2008.

Penna, Hermano; Cavalcante, Amaral. *Sargento Getulio* [filme/vídeo]. Direção: Hermano Penna; produção: Amaral Cavalcante. Brasil: Blimp Filmes/Embrafilme, 1983 (DVD).

Penteado Filho, José Roberto Whitaker. *Programa de marketing*. Rio de Janeiro: Cedeg, 1987.

_____. *Marketing no Brasil não é fácil*. Rio de Janeiro: LTC, 1990.

Pereira, Luiz Alberto; Farks, Thomas. *Jânio a 24 Quadros* [filme/vídeo]. Direção: Luiz Alberto Pereira; produção: Thomas Farks. Brasil: Embrafilme/Secretaria de Cultura do Estado de São Paulo, 1981 (CD, 84 min, PB, português).

Pereira, Hamilton; Figueiredo, José R. et al. *Como agarrar seu eleitor*. São Paulo: Senac, 1995.

Pimenta, Reinaldo. *A casa da mãe Joana*. Rio de Janeiro: Campus, 2002.

Porto, Manoel E. C. *Apontamentos para a história da República*. São Paulo: Brasiliense, 1990.

Porto, Mauro Pereira. *Televisão e política no Brasil*. Rio de Janeiro: E-Papers, 2007.

Queiroz, Adolpho (org.). *Marketing político brasileiro*. Piracicaba: edição do organizador, 2005.

_____ (org.). *Na arena do marketing político: ideologia e propaganda nas campanhas presidenciais brasileiras*. São Paulo: Summus, 2006.

_____; Manhanelli, Carlos; Barel, Moises Stefano (orgs.). *Marketing político: do comício à internet*. São Paulo: ABCOP, 2007.

Quirino, Jessier. *Prosa morena*. Recife: Bagaço, 2001.

Rabaça, Carlos Alberto; Barbosa, Gustavo Guimarães. 8. reimpr. *Dicionário de comunicação*. Rio de Janeiro: Campus, 2001.

Ramos, Ricardo. "1500-1930 – Videoclipe das nossas raízes". In: Castelo Branco, Renato; Martensen, Rodolfo Lima; Reis, Fernando (coords.). *História da propaganda no Brasil*. São Paulo: T. A. Queiroz, 1990, p. 1-6.

Ramos, Wolney. *Manual das eleições 2004 para vereadores*. São Paulo: CMP, 2003.

_____. *Propaganda política*. São Paulo: CMP, 2005.

Rech, Roberto Dalpiaz. *Seja diferente e conquiste a vitória nas eleições municipais*. Porto Alegre: Imprensa Livre, 2000.

Redondo, Wagner. *Planejamento de uma campanha eleitoral*. São Paulo: Arké, 2006.

Revista Comunicação e Política. São Paulo, ano 9, n. 11, abr./jun. 1990.

Ribeiro, José Hamilton. *Os três segredos que fizeram o político mais votado do Brasil*. São Paulo: Nossa Editora, 1987.

Ribeiro, Rodrigo Mendes. *Marketing político: o poder da estratégia nas campanhas eleitorais*. Belo Horizonte: C/Arte, 2002.

Ries, Al; Trout, Jack. *Marketing de guerra*. São Paulo: McGraw-Hill, 1986.

Ritchie, Michel; Cobienz, Walter. *O candidato* [filme/vídeo]. Direção: Michel Ritchie; produção: Walter Cobienz. Estados Unidos: Redford Ritchie/ Warner Bros. Pictures, 1972.

Ross, Herbert; Caracciolo, Joseph M. *A um passo do poder* [filme/vídeo]. Direção: Herbert Ross; produção: Joseph M. Caracciolo. Estados Unidos: Paramount Pictures, 1991 (VHS).

Sampaio, Rafael. *Propaganda de A a Z: como usar a propaganda para construir marcas e empresas de sucesso*. 3. ed. Rio de Janeiro: Campus, 2003.

Sanches, Mercedes; Cunha, Sérgio Galvão; Martins, Jayme. *Jânio, a face oculta* [filme/vídeo]. Direção: Mercedes Sanches; produção: Sérgio Galvão Cunha e Jayme Martins. Brasil: TV Cultura/Fundação Padre Anchieta, 1991 (VHS).

Santa Rita, Chico. *Batalhas eleitorais*. São Paulo: Geração, 2001.

_____. *Novas batalhas eleitorais*. São Paulo: Ediouro, 2008.

Santos, Célia Maria Retz Godoy dos. *Opinião pública e marketing político*. Bauru: Faac-Unesp, 2007.

Schwartz, Tony. *Mídia: o segundo Deus*. São Paulo: Summus, 1985.

Séguéla, Jacques. *A vertigem das urnas*. São Paulo: Tag & Line, 2006.

Simões, Roberto. "Do pregão ao jingle". In: Castelo Branco, Renato; Martensen, Rodolfo Lima; Reis, Fernando (coords.). *História da propaganda no Brasil*. São Paulo: T. A. Queiroz, 1990, p. 171-202.

Soares, Ana Carolina Teixeira; Camargo, Gláucia. *Getulio Vargas* [filme/vídeo]. Direção: Ana Carolina Teixeira Soares; produção: Gláucia Camargo. Brasil: Zoom Cinematográfica, 1974 (CD, 76 min, PB, português).

Starling, Heloisa Maria Murgel. *Os senhores das Gerais*. Petrópolis: Vozes, 1986.

Sun-Tzu. *A arte da guerra*. São Paulo: Madras, 2005.

Teixeira, Sebastião. *Sobras de campanhas: o que candidatos e eleitores podem aprender com eleições passadas*. São Paulo: Esfera, 2000.

Tendler, Silvio; Ferraz, Hélio. *Os anos JK* [filme/vídeo]. Direção: Silvio Tendler; produção: Hélio Ferraz. Brasil: Terra Filmes, 1980 (CD, 110 min, PB, português).

_____; FERRAZ, Hélio Paulo. *Jango* [filme/vídeo]. Direção: Silvio Tendler; produção: Hélio Paulo Ferraz. Brasil: Caliban Produções Cinematográficas, 1984 (CD, 117 min, PB, português).

TOLEDO, María. *Manual de campaña electoral*. Quito: Fundación Ecuatoriana de Estudios Sociales, 1985.

TOMAZELI, Luis Carlos. *Marketing político*. Porto Alegre: Rígel, 1986.

TORQUATO, Gaudêncio. *Marketing político e governamental: um roteiro para campanhas políticas e estratégias de comunicação*. São Paulo: Summus, 1985.

_____. *A velha era do novo: visão sociopolítica do Brasil*. São Paulo: G. Torquato, 2002a.

_____. *Tratado de comunicação organizacional e política*. São Paulo: Thomson, 2002b.

TORRETA, André. *Como ganhar seu voto*. São Paulo: Oficina de Textos, 2003.

"UMA ideia que deu certo". *Veja*, São Paulo, 15 nov. 1989. Disponível em: <http://veja.abril.com.br/arquivo_veja/capa_15111989.shtml>. Acesso em: 2 maio 2011.

VALENTE, Nelson. "Marketing político no Brasil". *O Rebate*, Macaé, 9 set. 2010. Disponível em: <http://www.jornalorebate.com.br/site/colaboradores-do-rebate/5897-marketing-politico-no-brasil>. Acesso em: 1º maio 2011.

VIANNA, Graziela Valadares Gomes de Mello. *Jingles e spots: a moda nas ondas do rádio*. Belo Horizonte: Newton Paiva, 2004.

VICTORINO, Paulo. "Transição de regime – O governo de José Linhares", s.d. Disponível em: <http://www.pitoresco.com/historia/republ301.htm>. Acesso em: 1º maio 2011.

VIZEU, Carlos Alberto. "Nossos comerciais, por favor", s.d. Disponível em: <http://blog.vnews.com.br/index.php?blog=10&m=200704> . Acesso em: 29 jan. 2008.

XAVIER, Marcelo. "A voz do dono e o dono da voz", s.d. Disponível em: <http://www.rabisco.com.br/85/voz_do_dono.html> . Acesso em: 5 mar. 2008.

IMPRESSO NA
sumago gráfica editorial ltda
rua itauna, 789   vila maria
02111-031   são paulo   sp
tel e fax 11 **2955 5636**
sumago@sumago.com.br

GRÁFICA
sumago